誰も書かなかった介護現場の実態

現役介護士が直面する現代社会の闇

宇多川ちひろ

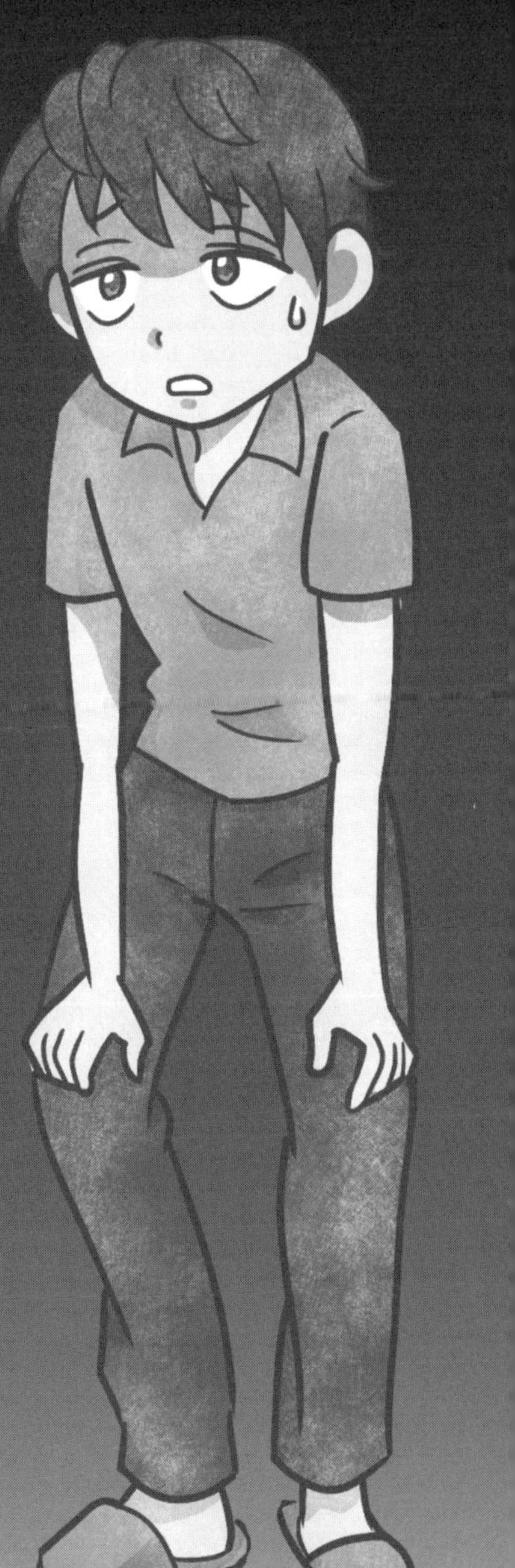

彩図社

まえがき

初めまして。宇多川《うたがわ》ちひろと申します。介護の世界で仕事をするようになり、気が付けば10年以上の時が経ちました。これまでに有料老人ホーム、特別養護老人ホーム、介護老人保健施設、サービス付き高齢者向け住宅、グループホーム、デイサービス、重度の障がいを持つ方を対象とする施設などで仕事をしてきました。そして今も介護の仕事に従事しています。

あなたは介護について真剣に考えたことがあるでしょうか。身内に何らかの介護を受けている方がいればまだしも、今まで介護に縁のない方にとっては、どこか遠い世界の話に感じられるかもしれません。

介護は私たちの人生と深い関わりがあります。人間は加齢とともに身体機能が衰えていき、場合によっては介護が必要になり、介護施設に入居することになります。また、何らかの理由で障がいを抱え、障がい者介護施設に入居している方たちもいます。家族がこうした施設に預けられることもあれば、いずれ自分自身がそうなるということもあるでしょう。そうであれば、介護における諸問題は決して他人事では済まされないはずですし、1人1人が介護の現状を認識しておかなければなりません。

ところが、介護現場をよく知っているはずの介護士たちがその実態を語ることは、今までほとんどありませんでした。なぜ、あえて語ろうとしないのでしょうか。考えられる理由は主に2つあります。1つは、その過酷さゆえに現実を直視すると心に負担がかかりすぎてしまい、語るのをためらってしまうから。もう1つは、異常とでも言うべき介護の世界に適応してしまい、異常であることすら認識できなくなっているから。

しかし、誰かがこの異常な世界を直視しなければ、現状を打破することはできない。それは確かだと思います。だからこそ最前線で働く介護士の私が介護現場の実態を伝えなければと思い、筆を執りました。私が業務の中で感じたこと、さまざまな悩み、葛藤、本音を率直に書き綴ったつもりです。

施設の種類にもよりますが、介護士の仕事は多岐にわたります。

例えば、食事・排泄・入浴の介助、衣服の着脱、ベッドシーツの交換、掃除や洗濯、メンタルケア、利用者との会話、家族との相談といった業務があります。ここに挙げたものを何人分、時には何十人分こなさなければならないので、慣れない人にとってはかなり骨の折れる仕事です。

しかも、利用者が素直に施設職員の言うことを聞いてくれるわけではありません。嫌がって力強く抵抗されればその分手間がかかりますし、時には無理やり行わざるをえない状況もあります。さらに、職員に暴力をふるう利用者もいますし、逆に利用者に対して虐待ともいえる行為をとる職員がいることも事実です。

また、介護士の過酷な労働環境も問題となっています。低賃金で度重なる残業、休日返上で働くこともしばしば。深刻な人手不足で利用者への対応に追われる中、利用者から暴力やハラスメントを受けたり、職員同士の人間関係のもつれに悩まされたりと、介護士たちは肉体的にも精神的にも大きな負担を被っています。

しかし、そうした実情は、あまり世の中に知られていません。現代社会の重要な一側面でありながら、苦しい現実から誰もが目を背けているように感じられます。

本書には、私が実際に介護士として体験してきた内容が書かれています。これまでに介護の実情に触れたことがない方からみれば、目も当てられないような話もあるでしょう。凶暴な利用者に指を噛みちぎられた職員、薬の過剰な投与により認知症を悪化させられた利用者、看護師の研修の実験台にされる利用者……これらはまさに、私たち介護士が日々接している現実なのです。

この本が1人でも多くの方にとって、介護の現実について考え、自分や家族の人生について見直すきっかけになれば幸いです。

誰も書かなかった介護現場の実態　目次

まえがき……3

第1章　衝撃が走った事件

介護士が抱く果てしない疑問……14
危険な利用者……21
高齢者に投げ飛ばされる……29
高齢者施設連続殺人事件……38

第2章　介護施設の奇妙な日常

アンタそれ食ったかい？……48

受け入れられない家族の現実……56
利用者の恋……62
私があなたを守るから……68

第3章　職員たちによるトラブル

静かに殺される利用者たち……80
鬼畜の仮面……90
畜生道……96
永遠の子ども……101
利用者の視点から見た施設職員……107

第4章　障がい者施設での苦悩

あの子はもういない……122
子ども殺しを殺せ……130
最大の禁忌……138
気持ちに寄り添うは介護のキホン……144
男の約束……151

第5章　施設で迎える最期

介護現場の死……160
柴崎のばーちゃんが死んだ……166

選択 …… 173
延命をやめた人 …… 181
デスカンファレンス …… 185
介護の行く末 …… 193
私が私なりに介護を語ろうと思ったわけ …… 198
あとがき …… 206

第1章 衝撃が走った事件

介護士が抱く果てしない疑問

相模原障がい者施設殺傷事件。死者19名、負傷者26名と、戦後の日本で発生した殺人事件としては死傷者数が最も多く、犯行の残忍さや規模の大きさから社会的に大いに注目を集めた事件である。

２０２０年3月16日、その判決が確定する日。事件の結末を見届けようと、わずか10席分の傍聴券を求めて約１６００人が抽選会場へと集まった。私の抽選結果は、見るまでもない。当然のようにはずれていた。

私は法廷の外のロビーで、わかりきっていた判決の報告を静かに待っていた。

「確定！　死刑確定！」

判決を聞いた報道関係者たちが、法廷からロビーへ次々と飛び出してくる。記者は淡々とその瞬間の様子を伝えていた。

その数分後には携帯端末のニュース速報の通知が光る。

「神奈川県相模原市の障がい者施設、津久井やまゆり園で2016年に入所者19人が刺殺された事件に対し、横浜地方裁判所は殺人などの罪に問われた元職員の植松《うえまつ》聖《さとし》被告（当時）に死刑判決を言い渡した」

判決に対して異論はない。彼の凶行は何があっても決して許されることではない。しかし、そもそもこの事件はなぜ起こってしまったのだろうか。

介護施設では1つの建物に複数人、大きいところでは何十人もの利用者が暮らしている。その中に介護士や医療従事者、医師が交代で常駐し、生活の中で必要に応じて介助や医療行為を提供する。

今回の事件が起きたのは知的障がい者施設に分類されるところだった。障がい者施設といっても、軽い障がいを持つ人が定期的に通うような場所もあれば、重度の障がいを持つ人が多く入居して暮らしているような場所もある。それぞれの施設の詳細な説明は割愛させていただくが、私は後者のような施設でも介護士として実際に現場に立ち、利用者の介助を行ってきた経験がある。それは植松が大量の死傷者を出した、障がい者医療施設と呼ばれる環境と同様のものであった。

植松は施設の女性職員に対して「この利用者は喋れるのか喋れないのか」という質問を繰り返しながら犯行に及んだとされている。女性職員が「喋れません」と答えると、植松は利用者の急所を何回も刺して殺害した。その後も植松の「喋れるのか喋れないのか」という質問は続いた。

次第に植松が喋ることのできない利用者を狙っていることを悟った女性職員は、植松に聞かれるたびに「喋れます！　喋れます！」と答えた。が、その後、植松は「喋れないじゃん」と言い、また次々と利用者を殺害していった。しかし、騒ぎを聞いて自分で動いたり、反応を返したりする利用者に対しては危害を与えなかったという。植松はなぜこのような質問をしたのだろうか。

一般の方々にとって植松死刑囚の発言や行動は、理解に苦しむものだろう。それが正常な反応であり、正しいと私も思う。しかし、そうした正常な方々にとって、介護の世界のありふれた日常は、異常なものとして映るだろう。そしてそれを第三者に語る人は極めて少ない。

介護士は間違いなく異常な日々を送り続けている。そんな毎日を送る介護士の中には、一般の方々が理解できない植松の行動を、残念ながら理解できてしまうという人もきっと少なくないはずだ。

植松の犯行の動機と理由が理解できてしまうこと、そして自分自身の中にある同様の感情に向き合うことはとても恐ろしいことだろう。しかし多くの介護士は、自分自身も「植松と同じ狂気」を持っているという事実に向き合わないまま、「私は違う。あいつは人としておかしいだけだ」と、考えることを放棄している。彼らは、本当は何かを感じながらも、何も語らずに今日も業務に当たり続けている。私はそんな気がしてならない。

事件後、福祉の現場に勤めているという理由からか、私の親からこのような連絡が来た。

「逮捕された植松容疑者に、障がいを持った人が直接面会した時の様子がテレビでやってたのよ。その人は体が不自由で、口にペンをくわえて、それで文字を書いて人とやり取りするのよ。あなたもそんな人のお手伝いを毎日するのが仕事なんでしょう？　私、重い障がいを持った人は初めて見たんだけど、驚いちゃってね。なんだか言葉にできなかったわ」

これを聞いたあなたはどのような印象を持たれただろうか。大半の方はきっと私の親と同じような感想を抱くのではないだろうか。

私はこう答えた。

「口だろうがなんだろうが、どんな形であろうと、それが伝わりにくくても、自分の意思を人に伝える手段や表現できる力を持つ人はすごい人だし、本当に恵まれてるよ。うちの施設にはそんなことできる人なんてごくわずか。ほぼいないよ」

自分の意思、思いが存在しているのか。感情どころか、自我が存在しているのかさえわからない。私が当時所属していた施設では、そのような方の割合のほうが多かったくらいだ。

こんなことを言われても、介護士以外の方は想像しにくいかもしれない。そこで具体的な1つの例を挙げる。

その人は産まれた瞬間から正常な身体機能を持ち合わせていなかった。

生命を維持するための栄養や酸素を自分で取り込むことができず、体にチューブを入れられ、外部の力を頼りに生きている。腹部には穴が開けられ、その穴は体の臓器まで達している。そこに通された1本のチューブを経由して、生きるための栄養素を直接体内に注入され、摂取している。

腹部の穴は体の動きで徐々に横に裂け、血液や体液が常時漏れ出している。その人はうめき声のような声を上げながら体を動かし、痛みに苦しんでいるように見える。体を動かせば腹部の裂けを広げてしまうのに、本人はそれをやめない。痛みの原因を理解する知能を持ち合わせていないからだ。

その後は興奮状態の緩和という名目で指定医療麻薬を投入され、自我を失っていくかのように動かなくなっていく。そして、薬が切れた頃には痛みや不快感でまた暴れ出す、というのを繰り返すのだ。


植松は事件前に行った手紙での犯行予告で、こうした言葉を書き記していた。

「保護者の疲れきった表情、施設で働いている職員の生気の欠けた瞳」

「車イスに一生縛られている気の毒な利用者も多く存在し、保護者が絶縁状態にあることも珍しくありません」

「重複障害者に対する命のあり方は、未だに答えが見つかっていない所だと考えました」

また、事件後に「私が殺したのは人ではありません。心失者です」と語ったことも印象的だ。心失者というのは彼の造語である。彼はどんな世界を見て、何を感じていたのだろうか。

私も植松の言葉の全てを否定することはできなかった。日々の凄惨たる状況に間違いなく疑問を感じていたからだ。

しかし、私は植松ではない。彼の行いを肯定したり正当化したりするつもりはない。犯した罪は間違いなく償うべきだと思っている。だが、介護という閉ざされた世界で当たり前に起きていることに対して疑問を持ち続けることの難しさも、また事実であると感じている。

私たちは時に家族よりも多くの時間を利用者とともに過ごし、いつか来る命の終わりを待つ。しかし、本人の命が終わりそうな時に利用者を救うのは医療従事者たちだけであり、介護士は立ち会うことすら許されない。

介護とは何を目的としているのか。誰のために、何を目指して介護を行うのか。その答えはどこにもない。何年、何十年も続く先の見えない仕事の中で明確なことは、単純に人が死ぬということだけ。やり遂げた最後に残るのはいつも「本当にこれで良かったのか」という疑問のみ。その思いはまた新たな足枷となり、私たち介護士の日常をより異常なものへと変えていく。それでも介護士は、歩みを止めてはならない。負の歴史を繰り返してはならない。立ち止まって振り返る時間などない。

しかし、時折ふと考えてしまう。

植松は本当に間違っていたのか、と。

危険な利用者

介護施設の利用者は体が弱く、無害な人ばかりだと思われることがある。しかし、実際にはさまざまな面で非常に危険な利用者も多い。

精神疾患を抱えており、日中は人当たりの良い好々爺《こうこうや》だが、夜中になると性格が一変し、刃物を持ち出し振り回す人。感染症のリスクがあるため、本人の体液や血液に決して触れてはいけない人。他者へ直接危害を与えることはないものの、本人に触れると肌の摩擦だけで皮膚が裂けてしまうため、介助をする際には医療用のビニール手袋を着用してからでないと触ることさえできない人。糖尿病の末期症状で下半身がすでに壊死している状態の人は、腐った下半身を触った際に、足の指が取れた。そんな体験をしたこともある。

介護の世界では利用者だけでなく介護士もまた、命の危険が及んだりさまざまな病気に感染したりするリスクを背負っているのだ。

私がある施設に、中途採用の職員として入職した時の話である。

研修中、施設内で生活する利用者たちの状況を説明され、一部の利用者には挨拶もしていた。挨拶が一通り済んだ後、案内してくれた職員がある利用者に視線を送りながら、私にこう告げた。

「最後になるけど、あそこにいる利用者には絶対に近付かないこと。たとえ慣れた職員と一緒でも、近付かないでください。これは施設命令です」

どこの施設にも危険な行動を起こす利用者や、機嫌を損ねると後々の対応が難しくなってしまうような利用者が一定数存在している。しかし、ここまで念を押された忠告を受けたのは、複数の施設を経験してきた私も初めてだった。

そこにいたのは、30代前後で比較的端正な顔立ちの大柄な男性だ。とても大きな車椅子に座っている。男性の腰元には、複数のベルトや安全帯のようなものが重なるように複数個つけられており、その姿はまるでそこに「固定」されているかのようだった。

近付いて話をしてはいけない理由に関しては、「非常に危険だから」と一言。それ以上の理由は教えてくれなかった。私は業務に当たる際、忠告された業務命令を守った。私以外の職員がその利用者に何かをする時には、最低でも2名以上の男性職員が同時に介助していた。私にだけではなく、会社全体の業務命令として指示があったのだろう。

「あの利用者はどんな方なんだろう」

そんなことを思いながらも、慣れない環境や業務の忙しさに追われ、気付けば半年ほどが過ぎた。

ある日、責任者が「仕事にも慣れてきた頃だから、そろそろ」と、私がその利用者と接触することを認めた。そこで初めて、利用者の情報を詳しく説明された。

その利用者はもともと何の異常もない健常者だった。有名大学を卒業後、夢だった流通系の一流企業に就職。確実にキャリアを重ねていき、その努力が認められ、流通の大きな拠点となる部署を任された。そんな一番の幸せの最中だったある日、彼は突然障がい者となった。

その日の朝、彼がいつまでも自室から起きて来ないことに違和感を覚えたご家族が、部屋を確認しに行った。その時にはすでに意思の疎通は不可能となっていたという。唸るような奇声を上げ、自分以外の存在に対して無差別に危害を与える状態へと変わっていたらしい。

その後、さまざまな病院を転々として原因と治療法を探したが、脳や神経系に対して何かしらの影響が起きた可能性が高く、元の人格が戻る可能性はない、と告げられた。彼のご家族は未だにその事実を受け入れられずにいるらしい。

入職したての職員が彼に近寄ってはいけない理由、それは彼の凶暴性だった。

奇声を上げながら自分の排泄物を手で掴み、排泄物が付着した指と爪で他者に掴みかかり、爪を立てて容赦なく人の肉をえぐりとるのだ。

細菌の塊である排泄物にまみれた爪で万が一傷つけられようものなら、たとえかすり傷でも傷口は化膿し、完治することなく傷跡が残り続ける。そう説明しながら見せてくれた責任者の腕には、ケロイド状になった複数の傷跡が生々しく残っていた。

「彼は顔を見ている人を攻撃してくるから、決して目を合わせてはいけない。彼の顔を布で覆って、こちらを見られないようにしてから接触するように」と説明を受けた。

一瞬も油断ができない相手ゆえ、時には成人男性数人で押さえつけながら介助に当たらざるをえない。その力は異常なまでに強く、片腕を押さえるだけでも体全体で押さえ込む必要があるくらいだった。

「人間の体は脳によって機能が抑えられ、普段は100パーセントの力が出ないようになっている」という話があるが、脳機能に障がいを受けたこの方は、もしかしたら身体能力を抑えるリミッターが壊れているのではないか？　と思うくらいのものすごい力だった。


そしてある日、唐突に事件は起きた。

「ぎぃやああああああぁぁあぁあー‼」

どこか遠くから、尋常ではない叫び声が聞こえてきた。驚いて皆が声の出どころを探す。声が聞こえたのは、あの危険な利用者がいる部屋からだった。

その部屋で私たちが見た光景は、口の周りに大量の血が付着した利用者と、その前で床にうずくまり、呻《うめ》き声を上げている施設の職員の姿だった。

さまざまな非常事態に直面してきた私たちでも、状況が理解できず呆然と立ち尽くす。

「どうした‼　何があった‼」

施設の責任者が騒ぎを聞いて駆けつけた。現場には大量の血が流れている。血液による感染症のリスクがあるため、慎重に対応しなければならない。そもそもこの流血は何が原因で起きているのか。

その場でうずくまる職員に駆け寄り体を起こすと、両手が血に塗れている。明らかに異常事態だ。しかし、未だに何が起きているのか誰にもわからない。そんな凄惨な状況だった。

私たちが「それ」を見た瞬間、事態は急変した。何かの塊が、血溜まりの中に、ごろりと転がった。それがどこから現れたのか。私たちはとっさに気付けなかった。なぜならそれは先ほどまで、利用者の口の中に入っていたからだ。

周りの人がそれに気付くまで、時間にして数秒。しかし、事態を認識するまでの間、私は時間が止まったような錯覚に陥った。

あれは指だ。人の指先だ。ついさっきまで「人の指の先端だったもの」だ。

悲鳴とともにさまざまな人の声が施設に反響する。

駆けつけた看護師が「とにかく冷やして‼　アイスノン‼　早く‼」「ドクターを呼んで‼　まだくっつくかもしれないから‼」と、今まで聞いたこともない声で叫ぶ。

その場は一気に地獄絵図と化す。状況を飲み込めず泣き出す者、混乱して取り乱す者、医療的指示を飛ばす者。私はその場にただ立ち尽くすのみだった。あの瞬間、私は何ができたのだろう。思い返した今でも、あの場で動ける自信はない。

利用者は雄叫びを上げながら自分の車椅子のテーブルをただひたすらに殴打していた。その音は今でも耳に残っている。

職員は医務室に運ばれ、そこから緊急搬送。指は、残念ながら元通りにならなかった。食後の歯磨きをした後、うがいができない利用者に対しては口の中を専用の布で拭うのだが、その際に指を噛みちぎられたらしい。

被害者となった職員はその後、私たちの前に一度も姿を現すことなく、そのまま退職してしまった。

利用者は常に介護士に命を預けて生活している。介護士は人の命を預かる大切な仕事に就いている。介護や医療現場ではよく聞く言葉だ。

しかし、命を懸けているのは、私たち介護士もまた同じなのだ。誰かの生きる手助けをした結果、自分の指を失うこととなる未来を誰が想像できただろうか。その人は自分の欠けた指を見るたびに、介護の仕事に就いたことを恨み続けるのだろう。

私たち介護士の仕事は、人の不幸が存在して、初めて成り立つものである。誰かの老いや、突然の不幸による障がい。それらに向き合うことを生業にしていると私は思っている。なんと罪深く、業の深い仕事なのだろうか。

あの危険な利用者は、自分の過去や本当の自分さえも全て失い、自分のしたことさえも理解できず、ただ無邪気に笑っていた。彼の笑顔の口元からは人の指を食いちぎった黄色い歯が覗き、さらにその奥に見える深い闇が静かにこちらを覗いているかのようにも思えた。そんな彼の笑顔を直視する勇気が持てず、私は思わず眼を背けてしまった。

高齢者に投げ飛ばされる

何が起きたんだ？　状況が読み込めない。

それは本当に一瞬の出来事だった。さっきまで確かに、私は70歳くらいの男性の前に立ち塞がっていた。が、今、私はその男性の顔を下から見上げる形で、施設の廊下に仰向けで大の字になっている。

私はなんでこんなことになっているんだ。そんなことを思っていたが、徐々に増す背中の痛みが記憶を呼び起こす。私はこの人に投げ飛ばされた、と状況を理解するのに長い時間を要した。そんな混乱する私の顔を見下ろす相手はごく普通の高齢者だ。

かつて警察の凄腕刑事だったという点を除いては。

鈴木さんを表すなら、とても寡黙な方。これが私の抱いた第一印象だった。身の回りの動作においてもほとんどのことを自分で行おうとする。礼儀正しく、早寝早起き。自分で身支度をして、自分の決まった席に着くと、朝の新聞に目を通す。

昼は余暇活動に一切参加しない。誘っても頑として断られるのがオチだ。職員としては大人しくしていてくれるのは助かるが、話しかけようにも私に構うなというオーラが溢れ出ている。

介護施設の利用者には、大きく分けると2つのパターンが存在する。1つは、生活の場を家から施設に移す本入所。もう1つは、基本的に自宅で家族と生活しており、家族が面倒を見られない時、一時的に施設へ泊まりに来るショートステイ（短期入所）だ。

鈴木さんは認知症の症状が見られ始めた状態で、基本的には家でご家族と生活していた。今回はご家族の都合で、数か月のショートステイという形で施設に入所していた。

ショートステイの利用者の場合、認知症が比較的進んでいないことも多い。しかし、そういう方のケアを行う際、施設内での生活パターンなどをしっかり観察できていないと、大きな問題になりうる。

見た目や発言などは普通の人に見えても、離れて観察を続けていると、自分の排泄物の処理の仕方や自分自身の状況などを、理解しているようで実際はきちんと理解していないことがある。時には、専門的な介助技術を要する他の重篤な利用者を自ら進んで介助しようとする方もいる。

認知症によって常識と非常識の境目がとても曖昧になっており、声をかければ正論で返してくるが、その行動は危険極まりないという場合もある。このように常識と非常識が同時に存在するような行動をとってしまう方が一番の問題だ。

具体的な例を挙げると、ある施設では利用者が勝手に外へ出られないよう、出入口に操作の難しい電子錠が設置されていたが、それを簡単に解錠して脱出してしまった方がいた。過去にも１人で家から散歩に行って行方不明になったことがあるという。

警察から身柄保護の連絡を受けたご家族が迎えに行って状況を聞くと、道端でタクシーを止めて乗り込み、そのまま県外にある昔の職場に行ってしまっていたそうだ。タクシーの運転手に支払いまでしっかり行っていて、タクシーの運転手も少し変だとは思ったが、高齢者はこんなもんかと思ったらしい。

一口に認知症と言っても程度は人それぞれであり、認知症になりきっていない方の対応というのはそれくらい難しいところがあるのだ。

寡黙な鈴木さんがその本領を発揮するのは、私たちが一番恐れる時間帯。いわゆる「夕方症候群」が起きる時間帯だ。夕方症候群というのは認知症の方によく見られる症状の１つで、夕方頃になると家に帰りたくなって落ち着かなくなるというものである。

実際、16時前後になると、利用者全員が同時に見えないスイッチを押されたかのように、急に一斉にソワソワとし始める。ある方は「では、そろそろうちに帰ります」と言って自分の部屋の荷物をまとめ出し、またある方はしきりに電子錠でロックされた扉をガタガタ開けようとする。

私たち職員はその都度、

「娘さんはご飯食べた後に迎えに来ますよ？」

「帰る時間を間違えてご飯作っちゃったから食べていけばいいよ」

「帰るのは明日ですよ？　今日は泊まり最後の日ですよ」

と声をかける。職員各々が自分なりの声かけパターンを用いて、利用者を納得させていくのだ。中には断固としてそれを拒否し、興奮して暴れる危険な方もいる。先の鈴木さんもその1人だったが、彼は他の利用者とはレベルが違っていた。

鈴木さんが短期で入所してから少し経ったある日、ある職員が鈴木さんの姿が見えないことに気付いた。フロアを見回すが、どこにもいない。1部屋に利用者が4人前後で寝泊まりしている50床ほどの施設。全部屋を探すも鈴木さんの姿はない。

入り口には電子錠がかけられており、鈴木さんがその番号を知っているはずはない。出て行った痕跡もない。が、鈴木さんは姿を消してしまった。所在不明というのは、当たり前だが大問題である。数時間探すも見つからず、捜査網はついに施設内全域に拡大され、施設職員が総出で探す大事となった。

その後しばらくして、鈴木さん発見の知らせが届く。

「場所はどこですか⁉」

「男性更衣室です」

おかしい。鈴木さんの入所しているフロアは3階建ての3階、男性更衣室は1階の奥であり、基本的に1階に利用者が出入りできるようにはなっていないし、事務員も常駐しているはずだ。

施設から利用者が抜け出すことを離棟というが、離棟が起きないように施設内は厳しく管理されており、万が一起きた際には、フロアにペナルティが発生する。それくらいの大問題なのだ。

しかも、鈴木さんの場合、どうやってもその脱出の経路が解明できなかった。そもそも脱出不可能なはずなのだ。

肝心の本人は帰れないということにひどく腹を立てており、まともに話ができる状態ではなく、連れ戻すのさえ一苦労だった。その時は後日、離棟のルートの検証をするということになり、解散となった。

それが、私たちと鈴木さんとの激闘の日々の幕開けになるとは、誰も予想していなかった。

後日、職員数人が鈴木さんを監視しながら仕事をしていたのだが、なんとまた鈴木さんが消えたのだ。これは流石にマズい。離棟を起こしただけでも大問題なのに、2回も起こすなんて大事件。しかも外部から来ている方が大怪我などをしては、フロアの責任者は始末書どころの話ではない。全員仕事を中断してフロア全域を探すと、私と数人の女性スタッフが、職員でも出入りすることができないはずのベランダに出ている鈴木さんを発見したのだ。

「鈴木さん!!　どうやってそんなところに!!　とりあえず危ないから中に……」

声かけをするも納得しない鈴木さん。普段の寡黙さからは想像がつかないくらい、興奮していた。高齢者とはいえ興奮した男性の対応をするのは危険なため、女性スタッフではなく私が鈴木さんに近付き、ベランダから施設の廊下へと連れ戻そうとした。

次の瞬間、気付いたら私は床に背中から倒れ込んでいた。一瞬のことで、何が起きたか理解できなかった。ただ、背中に痛みを感じたのと、鈴木さんが私の手を掴んでいたことは理解できた。周りを見ると、女性職員が口を開けて驚いている表情と、鈴木さんの険しく迫力のある顔が私をじっと覗き込んでいたのだ。

その場にいた職員に後から聞いた話によると、私は鈴木さんに投げ飛ばされたらしい。その時のことは正直覚えていないのだが、確かに私は投げられたらしい。さすが、元刑事。老いてもその技は体に染みついていたのだろうか。

騒ぎを聞きつけた職員に連れられ、鈴木さんは部屋に戻っていった。そんな大脱走劇を繰り広げた鈴木さんには脱走防止のため、職員が常時付き添うこととなり、さらに鈴木さん専属の見守りの人員が勤務帯の別枠で設けられ、厳重に監視が行われるようになった。こうして鈴木さんの脱走劇は幕を閉じた。

鈴木さんが施設から家に帰る数日前、見守りという名の監視員の当番が私に回ってきた。私が鈴木さんに「あの時ブン投げられたのは痛かったなぁ～」と言いながら、どのような逃走経路をたどったのかについて聞いてみると、鈴木さんは呆れた顔をしながらも、一度だけ説明してくれた。

「いいか、見ろ。◯曜日は◯時に◯◯の方向から業者がタオルを持って来るんだ。あの業者とあの職員は仲が良いから、いつもああやって話し込むんだ。そうすると業者が来たあの入り口が開いていることが良くある。◯時にはあの職員はあっちの方向で業務をやるからそこが死角になる。その時この方向から出られるんだ」

その時の鈴木さんの顔は今まで見たことのないような表情をしていた。その冷静な分析こそ、長年刑事としてやってきた寡黙な鈴木さんの本当の姿なんだろうなと思わずにはいられなかった。

利用者は私たち職員が思っている以上に職員を見ている。鈴木さんに限らず、過去に仲良くなった利用者の大半が、職員間の不仲や前日に起きた事故、注意事項、機密事項を何かしら知っていた。私たちがリビングで何気なく話している会話の内容などは、全て聞かれているのである。

認知症、高齢者と言えど、利用者は海千山千。私たちの人生よりはるかに長い時間を生き、さまざまな修羅場を乗り切ってきた猛者たちである。彼らは時に私たちが想像もつかないことを平気でやってのける。口では高齢者を人生の先輩と言っていても、無意識のうちにいかに軽視していたかということを、この時改めて背中の痛みとともに教えられたのであった。

後日、鈴木さんは無事に家に帰るというその日、油断してふと目を離した職員の隙を見逃さず、また逃走を図った。職員が気付いた時にはすでに遅く、あの時のようにベランダから脱走しようとした鈴木さんは足を滑らせ転落。一命は取り留めたものの、大怪我を負ったという。

高齢者施設連続殺人事件

２０１４年11月から12月にかけて、Ｋ県の有料老人ホームＳに入居していた３人の利用者が立て続けに施設のベランダから転落死した。初動捜査では変死として処理されたものの、捜査機関内部では殺人事件の可能性が疑われていた。

２０１６年２月16日、Ｋ県警はこの件に関わった元職員Ｉ（当時23歳）を殺人容疑で逮捕した。元職員Ｉは２０１５年５月に同老人ホームで繰り返し窃盗を行った容疑で逮捕され、懲役２年６か月・執行猶予４年の有罪判決を受けていた。

最初の被害者が出た時点で警察は、施設内で偶然起きた不慮の転落事故として扱った。その後、別件で窃盗罪にて逮捕されていた職員Ｉが転落死亡事故にも深く関わっており、事故ではなく殺人事件の可能性があるとして捜査を開始。取り調べにより、Ｉが明確な殺意を持ち、施設利用者３人をベランダに誘導し、利用者を柵の向こう側へと投げ落として殺害したということが発覚した。その後、Ｉは殺人事件の犯人として起訴された。

３人もの利用者を殺害したＩは救命救急の資格をも持つ職員だった。逮捕される前にＩは報道機関の取材に対して、

「家族が亡くなったのがきっかけで、お見送りをやりたいと思い、介護業界を選んだ。やりがいは感謝の言葉をかけてもらえること」

と答えていたと言われている。

数年後、この事件の裁判が始まった。その時、私は裁判に関するニュースを、当時勤めていた施設のリビングフロアにあった大きなテレビで、利用者や他の職員たちと一緒に見ていた。Ｉは私たちと同じ介護士だった。しかし今は３人もの人を殺した犯罪者なのだ。

私と彼の違いとは何だろう。一体何が彼を介護士から殺人犯に変えたのだろう。彼は何を思い、何を語るのだろう。私はそんなことを考えながら、この事件の裁判が行われる日、裁判所の入り口に立っていた。

裁判の傍聴は希望者が定員を大幅に超えたため、抽選となった。運良く傍聴券を手に入れた私は、厳重な金属探知機、手荷物検査、身体チェックを受け、高齢者施設連続殺人事件の初公判が行われる法廷へ入室した。私は迷うことなく、傍聴席の一番前の真ん中に座った。裁判の

傍聴をするのは初めての経験だったので、とても緊張していた。

しばらくすると、男性が入室してきた。複数人の警備員に四方を固められ、手や腰には何重もの白く太い縄をつけられている。インターネットやテレビのニュースで何度も見た男、今回の事件の主犯とされる男、Ｉだった。

Ｉと私との距離はだいたい10～15メートルほどで、その間には腰ほどの高さの木の柵が１つ存在しているだけ。しかし、Ｉのいる向こう側と、私が座る傍聴席側。簡単に乗り越えられるくらいの木の柵１つ隔てただけなのに、Ｉと私がまるで互いに違う世界の違う空間に存在しているような、そんな異様な雰囲気を感じた。

Ｉは辞書並みに分厚いファイルやノートを、おそらく弁護士であろう人と１つ１つ並べながら、時折その人の耳打ちに対し、何回も頷きながら聞いているようだった。

その時、Ｉの手が遠目で見てもわかるくらいにとても大きく震えているのが見えた。裁判が始まることに対しての緊張なのか、この先の見えない未来への恐怖なのか。私には想像もつかない世界に彼はいたのだろう。３人も人を殺したＩも、私たちと同じ人間なんだな。私はそんな当たり前のことを考えていた。

裁判が始まり、開始直後から弁護士がこう発言した。

「裁判長並びにこの場所にいる皆様に、裁判が始まる前に理解していただきたいことが1つ。本裁判は、被告Iが本件の犯人であることを前提にその罪の重さを決める場所ではありません。まず、本当にIが犯人なのか。我々が見落としてしまっている可能性や矛盾が存在していないのか。その真偽をもう一度、改めて論議する場です。Iの罪がまだ確定したわけではありません。Iを犯人と決めつけた上で裁判を進めるのだけはやめてください」

その言葉を聞き、私はとても驚いた。私自身もIが犯人であるという前提で傍聴に来たし、Iの犯行以外の可能性があるという発想を一度も持っていなかった。

裁判はまずIに対して、犯行を行ったか否かの事実確認から始まった。転落事故に関しては、自分は関係なく無罪であると主張していた。それについて間違いはないか。裁判官から1つ1つ確認される質問に、言葉に詰まりながら答える様子も見受けられたが、「緊張しなくていいので、ゆっくり話をしてくださいね」と、裁判長からの声かけを受け、「自分は本当に事件に関しては無罪です」という発言をしていた。

次に行われたのは、当時Iが働いていた施設の責任者に対しての証人尋問だった。施設責任者は当時の状況や施設の設備、構造、人員体制などについて聞かれ、1つ1つ答えていた。

私はその時、自分が働いている施設の責任者のことを思い出していた。私や他の職員が万一事件を起こしたとしたら、あそこに立っているのは私たちになるということ。たとえ悪意がなくても、時に介護事故は起きてしまう。もし過失があった場合、取り返しのつかないことが起きた場合……そう考えると、無性に不安な気持ちになってしまった。


その後、数か月にわたって事件の裁判は行われ、私が2度目の裁判の傍聴に臨んだ際の裁判の内容は、警察、検察での取り調べ調書の事実確認。

被告Iと警察、検察関係者が事件にまつわる全ての行動など、その1つ1つを全て確認していった。被告Iが自分の行動などを間違いない事実として認めるまでのやり取りと、そのやり取り内で強要や事実の改竄《かいざん》などが行われなかったかを、実際の映像をもとに確認する重要な裁判だった。映像の中では、Iが犯行時の様子を詳細に語っていた。

Iは殺人の動機について尋ねられた際に、

「言うことを聞かず、面倒だった。他の職員も手を焼いていて、いなくなればいいと思った」

「利用者をベランダに誘導し、なかなか手すりを乗り越えられなかったので下から持ち上げ、ベランダに体を乗り出させた形のまま、さらに体を上げた。自分の体の上から利用者の体重の負担がなくなり、急に軽くなったと同時にベランダから落ちていき、ドスンという音がした」などと話していた。本当に違った点はないか、と何度も聞き返されながら、Ｉは「はい、確かに間違いありません」と答えていた。

証言の映像が進むにつれて、介護士が人を殺したということ、ニュースでのみ聞く話だと思っていたことが今、現実として私の目の前に現れていると感じた。同時に、介護士が日々闘っているものの１つに私たちが負けた瞬間だな。そんな感情にもなった。

そして、それは遠目からでもはっきり見えた。初公判の時にあれほど震えていたＩの手は、もう震えていなかった。

その日の傍聴以降は予定が合わなかったため、私が裁判に赴くことは無かった。私から裁判にまつわる記憶が少しずつ薄れ始めた頃、裁判は終わり、その結末をテレビのニュースで唐突に知らされることとなった。

「次のニュースです。高齢者施設連続殺人事件の判決が本日下されました。被告人Ｉに対して○○地方裁判所は死刑判決を下しました」

3人もの人の命を奪ってしまったのだから、きっとそうなるであろうという予想はしていた。しかし、心のどこかでは、そうはならないだろうという期待をしていたのかもしれない。少し離れた距離で緊張のあまり手を震わせていた彼は、もう二度と世間に出てくることができない。確かに存在していて、私がこの目でしっかり見たはずの人間が、その日を境にこの世から消えてしまう存在へと変わってしまった。

結局、介護現場では何が行われていたのか。何が引き金となったのか。1人の介護士が凶行に及び、3人の命が奪われるまでについての核心は語られることなく、そっと事件だけが終わりを迎えた。

裁判を傍聴しようと思った動機の1つに、職場の同僚たちとの会話に抱いた「違和感」が理由にあった。職場でこの事件のニュースを見ている時、1人の同僚が、

「私も介護士だから、正直、こんな事件を起こしたくなるほどの気持ちはわかるよね。けど、それをわかってしまう自分自身がとても嫌になるよ」

と話していた。続くように他の職員たちは、「まあわからなくもないけど、人を殺すのはおかしい」「この人はおかしい人だよ」と相槌を打っていた。

なぜこの人たちは、自分たちの中に存在する本当の気持ちを知りながらも、それに向き合わないのだろう。その上でなぜ、自分とこの犯人は違うと言い切れるのだろう。私は疑問に思っていた。

というのも、私がいた施設の職員たちの中に、殺人こそ犯していないものの、利用者に対して立派な身体的虐待とも言える行動を日常的に取っている者がいた。そうした行動を起こしている人間が、なぜ、Ｉを断罪するのだろう。なぜ、Ｉと同じ気持ちを持つことを認めよう、その上で何かを変えようとは思わないのだろう。

ＳＮＳで介護士に対して「自分は虐待をしたことがあるか」という質問をしたところ、８割近くの人が「ない」と回答した。しかし、介護をする上で虐待を一度もしたことのない人間など、介護の世界において１人もいないと私は考えている。

日常における生活の中で、業務の多忙さから声を荒らげてしまうこと、作業効率の手順的に優先すべきことをこなす際、やむをえず利用者を無視してしまうこと。利用者たちからの頼み事を故意に誤魔化すこと。私は本当に些細なことでも、心のどこかに悪意があれば虐待と認識する必要があると考えている。虐待の大小の定義をしたいのではなく、自分がいかに日常的に意識下、無意識下で虐待と呼ばれる行動をしているのか。その事実を認識し、向き合う必要があると考えている。

さまざまな制度、施設体制、現実を考慮しても、虐待を起こさないことなど不可能なのだ。私たちは人間だ。だからこそ、自分たちの負の側面を本当の意味で理解し、その上で解決していく努力を続ける必要があるのではないか。解決できないからこそ、常に立ち向かっていかなければならない問題だと思っている。

介助の中で言うことを聞かない利用者に対し、こちらが感情的になって無理やり押さえつけてでも業務をこなそうとする職員がいる。これが介護の現実だ。

自分が加虐していることの認識や自覚がないからこそ、自分の内に秘めた無意識の虐待行動の事実について、誰も何の疑問すら持たない。今の介護業界はそんなところまで来てしまっている。

第2章 介護施設の奇妙な日常

アンタそれ食ったかい？

介護士の仕事は日々、利用者たちに教えてもらうことばかりである。

私が介護士になって初めて入職した施設は、介護老人保健施設と呼ばれる場所だった。長期の入居を目的とせず、身体の機能回復のためのプログラムを中心に、家庭に復帰するためのリハビリなどを行う施設で、健康状態や精神面が比較的良好な方たちが集団で暮らしている。

介護士として初めて行う業務に戸惑いながらも、食事、排泄交換などの基本的な動作を一通り覚えたくらいの時、ある高齢女性に出会った。その女性は短期の入所が中心となる施設において、在籍期間は長いが意識も動きも他の方たちと比べてはっきりしていて、フロア内ではかなりの存在感を持つボス的な利用者だった。ボスは決まってエレベーター前のフロアが見渡せる定位置に座り、周りを眺めながら1日を過ごしていた。

そんなボスと私が初めて会話をしたのは昼食の時間。その時、ボスは昼食のほとんどを残し

ていた。私は特に何も考えることなく、

「そんなに残したらお腹がすいてしまいますよ。ちゃんと食べてください。おいしいですよ？」

と声をかけた。ボスは私の顔を見上げてこう言った。

「あんちゃん。これ食ったことあるのかい？」

私は「自分のお昼があるから大丈夫ですよ」と返した。

ボスは深いため息とともに呆れた顔をして、私の顔を見ることもなく、「話にならんからあっちに行きな」と一言だけ言うと、私を手で払う仕草をした。

「呆れた。とんでもないババァもいるもんだ。きっとあんな感じでずっとワガママに生きてきたんだろうな」

そんなことを内心思いながら、私はその場を無言で後にした。

その後しばらくそのボスに話しかけることはなかった。

それからしばらくした後、コンビニで買ってきた昼食を職員用のスペースで食べようとしていた時、急に後ろから声をかけられた。振り返ってそこにいたのは私の知らない人だった。

「はじめまして。あなた、新入職員さん？」

その女性は栄養士だった。栄養士は、栄養バランスや個々の病気、アレルギー、さらには身体機能なども考慮しながら、利用者たちが毎日食べる食事のメニューや調理法を考える、料理部門の番人のような人だ。

その栄養士は挨拶もそこそこに、急にまくし立てるように早口でこんなことを言っていた。

「あなたのお昼、最近気になってずーっと見てたけど、そんな栄養の偏った食事ばっかり毎日食べて野菜は全然食べてないじゃない。それじゃ体を壊すわよ。そんなのばっかり食べてるってことは家でも野菜なんか食べないでしょ？　きっと小さい頃から偏食でしょ？　野菜食べない人って皆そうなのよ。私、わかるの。

私ね、施設の利用者の栄養だけじゃなく、介護施設の職員の食事や栄養も合わせて見直す必要があると思っててね。介護士は時間も不規則でしょ？　それじゃ体を壊しやすいから。それをテーマにして県の学会で発表してね。そしたらそれで賞をもらったことがあるの。

とにかく介護士の人って皆野菜食べないでしょ？　だから私、施設の社食で1日に必要な野菜の量を計算して、その必要分をサラダとして追加で出すようにしたの。ここでこのご飯を食べれば1日に必要な量の野菜を食べたことになるから、便利でしょ？　どうせここ以外で野菜なんか食べないでしょ？　今日の社食はサービスするから食べなさい!!　サービスは今日だけだからね!!　他の人には内緒よ？　わかった⁉」

急に早口かつすごい勢いで説明を受けたので内容が入って来なかったが、要するに、私が野菜を食べず栄養の偏った食事をとっていることが気に食わない、栄養士の考案した社食メニューを毎日頼めば健康になるから、とにかくお前はそうしろ。そんな感じの内容だった。

サービスで出された社食はというと、病院食のような味付け。栄養士が鼻高々に語った野菜の付け合わせに関しては、私をウサギか何かと勘違いしてるのかというくらい、異常な量の野菜サラダがドンと付け加えられていただけだった。

「うん。おいしくない」

確かに私は野菜が苦手だが、昼くらい自分の食べたいものを食べたかった。それに、栄養士があまりにもうるさく、押しつけがましい態度も好きになれなかった。それ以降私が社食を利用することはなかった。

するとその栄養士は私が休憩に入るたびに四六時中私をつけ回し、私の食事内容に文句を言いながら、社食を食べることを強要してきた。急に私の昼食の写真を撮らせろと言うので許可したら、栄養の偏った食事の典型例としてプリントした写真をデカデカと掲示板に貼り出したこともあった。

この人は健康のためと言いつつも、自分の考案したメニューが一度評価されたことに気を良くし、その経験から大事なことを勘違いしてしまった。私はそんなふうにしか感じなくなっていた。

食事とは食べればいいというものではなく、その人の好みもあればタイミングもある。確かに体に良い悪いはあるが、それ以上にまず食事を楽しめなかったとしたら、それは良い食事とは呼べない。

栄養士に追い回され、文句を言われ続けた時の食事は全く楽しくなかった。結果、私は施設の外で食事をとることにしたが、なぜ私がそんなことをしなければならないのか。私が外で食事をしているの知って不機嫌そうにする栄養士の傲慢さには、さらに腹が立った。嫌な気分になっているのはこっちのほうだと強く感じたのだ。

その時、私はどうしてもやらねばならないことがあることに気付いた。

職場のエレベーター前の定位置を、ボスは今日も変わらず陣取っている。近付く私に気付いたボスは、不機嫌そうな顔をしてこちらを見ていた。

「ボス、ここのメシ、クッソまずいね……こんなのウサギの餌食ってるような気分だわ……」

私がそう言うのを聞いたボスは完全に油断していたらしく、盛大に吹き出した後、大声で笑った。

ボスには私と栄養士とのいざこざや、ご飯がいかにまずく感じたかを話した。ボスは笑いながら話を聞いてくれて、同意してくれた。そして最後に私はボスに謝罪をした。あなたの気持ちを知ろうとせずに失礼なことを言ってしまった、と。ボスは「わかればよろしい」と笑いながら許してくれた。

その後、ボスと私はとても仲良くなった。利用者と職員という一線は存在するものの、互いに良い関係を持つことができた気がした。私がエレベーターでフロアに上がるとボスがいて、挨拶するのが日課となった。

そんなボスは月に数度、施設の外に買い物に行くのだが、「あまりにも飯がまずくてたまらないからよ」と、持ち込んではいけないとされている菓子を大量に買い込んで自分の部屋に密かに隠し持っていた。さすが、ボスだ。と私は笑ってしまった。

「伊達に女を何十年もやってきてねぇよ。アンちゃん。アンタも女に騙されないように気を付けなよ」とボスも笑っていた。

それ以降、私は介護士として本来やってはいけないようなことを、たびたびやってきているかもしれない。

本来は自分で部屋まで移動しなければならない利用者にはほんの少しだけ手を貸し、食べることの強要はやめ、利用者が本当にやりたくないことなどはやらなくていいと言ってきた。

もちろん、全てを見逃すのではなく、本当に必要なことはやってもらう。やりたくなるように声かけなどを工夫するが、高齢者の方々は私たち若い人間には想像もつかないくらい、日常の動作に苦痛や大変さを感じながら日々を生きている。

やらなければならないことを「あなたのためだから」という正論だけで強要していくのはどうなのだろうか。

正論は時に人を殺すと言う言葉を聞いたことがある。若い私たちでも、日常でやると決めたことを欠かさずできる人などいないだろう。スケジュール通りの規則正しい生活を一度も休むことなくできる人などいないだろう。それが普通だし、ましてや相手は高齢者なのだ。

高齢者たちは努力によって病気の進行を遅らせたり、老化を緩やかにしたりすることはできても、若者のように元気に動くことはできない。時間には誰も逆らえないし、それが自然なことなのだ。

「あなたのためだから」

「今やらないと明日できなくなる」

こうした正論を武器に、困難なことをやれと強要することはしたくない。少しずつ受け入れてもらいながら、できないところは本人のやる気を引き出しつつ、一緒にやれるための努力をしていきたい。

真面目な介護士たちは、つい「相手のために」と強要してしまう。過去の私もそうだった。しかし、一番大切なことは、どんな時でも相手の立場になり、相手を尊重すること。それを忘れてはいけない。

私はそれをボスに教えてもらった。相手は高齢者や利用者である以前に、1人の人だ。そして介護士も、監獄の監視員ではなく、同じように1人の人にすぎないのだ。

受け入れられない家族の現実

歩くガイコツ。それが石岡さんという女性利用者に対する私のイメージ。体は痩せ細っていて、骨と皮だけという言葉がぴったりな見た目だ。小柄な体格も華奢《きゃしゃ》なイメージをより引き立たせる。石岡さんの上着はブカブカ。ズボンはウエストがゆるすぎて、石岡さんがすっぽり2人分くらいは入ってしまいそうだ。

石岡さんは自分で歩くことができ、自分の部屋とロビーを1日に何百回もひたすら往復する。ロビーで椅子に座ってはすぐ立ち上がり、また自分の部屋へと戻り、自分の部屋で席に着いた瞬間、また立ち上がりロビーへと歩き出す。

そんな石岡さんに対して、私が介護士として一番心配だったこと。それは転倒による骨折だった。認知症により、会話をすることは不可能だった。問題なのは、部屋とロビーの往復をひたすら繰り返すため、当然体が疲れてしまう。しかし、認知症から来るものなのか、自分が疲れていることが認識できないらしく、疲れて歩けなくなってもまだ歩こうとしてしまう。

部屋に誘導し、休むように促しても、次の瞬間には立ち上がってまた歩き出す。当然、縄でベッドに縛りつけておくわけにもいかない。ならばせめて転倒のリスクを最小限に減らさなければならない。

そこで最初に気になったのが、高齢者なのに若者の腰パンのような状態になってしまっている、ウエストのゆるいズボンだ。これでは歩きながら裾を踏んで、いつ転んでしまうかわからない。

「まずはここから改善しよう」

そう思った私は石岡さんのご家族、息子さんに衣類の購入を依頼することにした。

石岡さんのご家族は本当に素晴らしい方たちで、介護にも積極的に参加してくれる。息子さんが必要な物品の買い出しを担当していた。小柄な石岡さんから産まれたというのが想像できないくらい体が大柄で、母親である石岡さんを本当に大切にする紳士的な方だった。

息子さんに状況を説明したところ「そういうことでしたらすぐに買って来ますね」と二つ返事で引き受けてくれた。数日後には新しい洋服が数点、施設に届いた。

早速、石岡さんに着てもらおうと開封して、中身を確認した。

明らかに洋服のサイズが大きい。

小柄な石岡さんには合わないLサイズの洋服が入っている。石岡さんならSサイズ、もっと言えばXSでもちょうどいいくらいだ。あまりにもサイズが合わなさすぎる。

仕方なく息子さんに電話をして「大変申し訳ないのですが、買っていただいた洋服が大きくて。SやXSでも大丈夫です」と伝えると「そうでしたか。なんだかサイズ感が想像できなくて。今度伺う時にまた買って行きます」と返事が来た。

施設職員の間でも、「女性の服に馴染みのない男性とはいえ、あの体型の石岡さんにLは買わないよね。しかも息子さんはあんなにしっかりしてる方だから、普通は絶対間違えたりしないよね」などと話をしていた。

私も正直、なぜLサイズを買って来たのか理解できなかった。そして、電話口で息子さんが話した「サイズ感が想像できなくて」という言葉に違和感があった。

その後、交換してきたという洋服を持って、息子さんが施設にやって来た。洋服を持って一緒に部屋まで行き、その場で本人に洋服を当てて確認してみる。今回の洋服も明らかなまでに大きい。それなのに、息子さんは、

「大きい、ですかねぇ？」

と首を傾げていた。誰がどう見ても大きい。肝心のズボンは、変わらず石岡さんが２人は入りそうな大きさだった。

「私はやっぱり大きいと思いますよ」

やんわりとそう伝えると、息子さんはこう答えた。

「今の母は体が小さいのですが、昔はとても大きくて。体格がいいって言うんですかね。その時のイメージがどうしても抜けないみたいなんです。これでも私は『このサイズじゃ母には小さいかな？』と心配になるくらいのサイズを買って来てるつもりなんですよ」

私から見れば、そこにいる石岡さんは、頬はこけ、手足がゴツゴツと骨張っているような細身の方だ。なぜこんなイメージのズレが起きたのだろうか。

息子さんは月に数度、面会に訪れていた。時間ができたからと立ち寄っては石岡さんと一緒にご飯を食べたり、昔から大好きなまんじゅうを一緒に食べたりと、他のご家族よりもはるかに多く石岡さんとの時間を過ごしていた。

そんな息子さんは今の石岡さんの変化を日常的に目にしていても、その変化を受け入れることができない。理解し、認識することができないというのだ。

もしかしたら息子さんには今のガイコツのような石岡さんも、大柄で元気だった母親の姿に、当時そのままの石岡さんの姿に見えているのかもしれない。もしくは、当時の母親でいてほしい。そんな思いが心のどこかに、無意識の内に残り続けているのかもしれない。

施設に入居している方たちにはさまざまな事情がある。もちろん、石岡さんのようにいつまでも家族から大切にされている方もいる。その一方で、介護事故が起こった際、家族に謝罪の電話をすると「お気になさらず。本当にワガママな人ですから。職員さんが悪いんじゃなくてその人が悪いんだと思います」とだけ言われてそのまま電話を切られたこともあった。得体の知れない感情に少しゾッとした。

利用者は、介護士から見たら仕事として面倒を見るだけの存在かもしれない。しかし、それぞれの利用者は、どこかの誰かにとって大切な人であり、今まで1人の人として人生を歩んで来た人なのである。私たちから見れば「利用者」でも、誰かにとっては掛け替えのない存在である。私たち介護士は、そこに第三者として関わることで、時には認めたくない現実や強い想いと対峙しなくてはならない時が必ず来る。

この時で言えば、私たちは石岡さんを介助するだけではなく、石岡さんのご家族の気持ちを理解し、寄り添い、そして一緒に歩むべきだったのだ。

石岡さんの息子さんは過去の母親の姿を振り払うことができなかったが、今現在の母親に向き合い始めた。

「体が大きくて、元気で明るい母はもういないんですね……それが宇多川さんの言う、現実なんですね。実際に目の前にいる母を見ていても、なぜかそれが分からないんですよ。不思議ですね」

と、息子さんは静かにつぶやいた。

利用者の恋

　サチコさんという利用者がいた。サチコさんは重い障がいを持ってはいるものの、施設内では比較的軽いほうで、車椅子を自分で漕いで移動することもできる。実年齢は40歳前後で、実年齢と精神年齢にズレはあるものの、自分で考え、発言し、行動することができる方だった。自分の作ったアクセサリーを身に着けたり、ファッション誌から好みの俳優の写真を切り抜いて部屋に飾ったりしていた。

　私が担当するフロアに、二階堂と言う若い男性職員がいた。身長は180センチ、スラッとした体に切れ長の目、爽やかな笑顔が素敵で、誰が見ても立派なイケメン。二階堂の人気は施設内の女性職員だけでなく、なんと障がいを持つ女性利用者にも及ぶ勢いだった。

　サチコさんはそんな二階堂のことが大好きだった。二階堂を見つけると静かに近付いて行き、それとなく話しかける。その動作の1つ1つは恋する女性そのままだった。そんな気持ちを知ってか知らずか、二階堂はそんなサチコさんを見つけると、明るく爽やかな笑顔で「サチコさんおはよう！」と声をかけるのだ。サチコさんはとても嬉しそうな顔を隠しながらも、控えめに「おはよう」と返事をしていた。

介護の現場というのは基本的に女性が多い。私が所属していたフロアの女性職員たちは男らしい（失礼）人が多く、サチコさんの女子力の高さに対し「二階堂さんに声をかける時、声のトーンが私たちと喋る時より２つくらい高い」「年甲斐もなく女の顔になってる」「態度があからさまに変わりすぎるから見ていてキツい」など、複数人で集まってはたびたびサチコさんに対する陰口を言い合っていた。

私はそれを遠くから見るたび、なおさら「女性に女性として認識されるくらいサチコさんは立派に女として生きているなぁ」なんてことを感じながら仕事をしていた。

そんなある日、サチコさんが唐突に大声を上げて泣き出した。日々、不測の事態に対応することに慣れているはずの職員たちも、その様子と勢いには驚きを隠せなかった。ひとまず駆けつけて事情を聞くも、サチコさんは泣くのをやめない。泣き声は凄まじく、ついには隣のフロアの職員の耳まで届いたという。

ある女性職員が別室に案内し、１対１でサチコさんを落ち着かせ、何が起こったのか、何が嫌だったのか、と原因を尋ねた。

しばらくした後、女性職員はサチコさんの車椅子を押しながら一緒に帰って来た。そしてサチコさんがいないところで、サチコさんが大号泣した理由を話し始めた。

その理由は「二階堂が他部署の女性職員と楽しそうに話をしていたのを見たから」だった。二階堂に話を聞いたところ、サチコさんの言う通り確かにその時間、フロアで女性職員と仕事の打ち合わせをしていた、とのことだった。その女性職員は歳が若く、可愛らしい顔で性格も優しく、誰が見ても美人と言いそうな職員だった。


そんな2人が楽しそうに話をしている姿を見て、サチコさんは自分の置かれた立場や、自分が逆立ちしても敵わない存在の職員に対して、1人の女性としての二階堂に対する感情も相まって、どうすることもできない気持ちが爆発してしまったのではないか。こんな推測が職員の間で話し合われた。

さらに驚いたことに、サチコさんはなんと、先日二階堂に対して自分から告白をしていたらしい。その事実を二階堂は認識していなかったが、サチコさんは確かに「言った」と、話を聞いた女性職員に言っていたらしい。

それを聞いた一部の女性職員たちの言葉についてはご想像にお任せするが、やはり女性の敵は女性だなぁといった感じの言葉だった。しかし、裏を返せば、普通の女性職員たちに敵意を抱かせるくらい、サチコさんは障がい者ながら１人の女性としてしっかり生きている。私はそう感じたのだった。

その後もサチコさんは変わることなく、日々、二階堂に熱い視線を送り続けている。時折、二階堂がサチコさんを茶化すように「サチコさん‼　今日も綺麗だね‼」とアイドルのような笑顔で声をかけると、サチコさんは満面の笑みを浮かべるのだ。

私はふと、介護の資格を取る時に受けた「人の尊厳について」というテーマの講義で、先生がとても印象に残る話をしてくれたのを思い出した。

江戸時代、江戸町奉行として市民のためにさまざまな優れた政策を行った大岡忠相《ただすけ》。現代では大岡越前として人気の時代劇シリーズのモデルとなっており、大岡裁きと呼ばれる秀逸な裁きを下す名奉行として描かれ、広く知られている。

そんな大岡忠相が不倫をした男女の取り調べをしていた際、女性からの誘いに乗ってしまったという男性の供述に納得がいかず、自分の母親に、女性はいくつまで性行為が可能かを聞いた。母親は火鉢の中の灰をいじりながら「灰になるまでよ」と伝えた。

講師の先生はこれを例に挙げ、こう続けた。

「女は死んで灰になるまで、女であり続ける。人として生まれたからには、たとえその姿がどうなろうとも、死んで灰になったその瞬間でさえも、人は人であり続ける。私たち介護士はそれを忘れてはいけません」

私はその言葉に深い感銘を受け、今でもその言葉を忘れず、信念の1つとして介護を続けてきた。

たとえ障がいを持っていようが、歳が二階堂よりもはるかに上であろうが、女として生まれ、女として生きている。そんなサチコさんを笑う権利がある人など、この世には存在しない。私は心からそう思った。


私たち介護士は、病気を直接治療することも、身体機能を回復させることも、特別な装具を作ることも一切できない。しかし、日常において誰よりも多くの時間を利用者と過ごし、利用者を理解し、受け入れてもらい、気持ちに寄り添うことができる。それが私たち介護士の仕事であり、私たちが存在する意味であると思っている。

介護士は利用者を監視したり、利用者を従えて意のままに操ったりする存在ではない。利用者から教わることは私たちの想像している以上に多く、それは他の仕事では経験できないことばかりだ。人が人らしく、生き生きとした毎日を送っている様子を、静かに見守るのだ。

私がサチコさんと2人きりで話した時、「二階堂さんのこと好きなの？」と質問すると、彼女は満面の笑みで「うん」と答えてくれた。

大切なのは、叶う叶わないという話ではない。彼女が1人の人間として、そして1人の女性として、その命が尽きて灰になるまで、人生を彼女が思うように全うすることこそが大切なのではないだろうか。

彼女は今日も1日を誰よりも全力で生きていて、まっすぐに恋をしていた。

「二階堂さん！　おはよう！」

彼女は今を生きている。

私があなたを守るから

利用者の家族と介護士。利用者の幸せを願って行動しているのは同じだが、それぞれが見ている世界は微妙に違い、感覚はズレている。

その男性利用者の名前は佐々木さん。佐々木さんは言葉を交わすことも、自分で移動することもできなかった。椅子に座って正面を向き、じっとそのまま動かずに1日を過ごすのが日常で、まともに動くのは食事の時だけ。スプーンを使い、自分で食事を口に運ぶ。

そして次の瞬間、盛大に食べ物を吹き出す。正確には、上手く飲み込めずにむせてしまい、食べ物が口から飛び出して周りが大惨事になる。しかし、佐々木さんは食べることをやめない。むせ込んでいるのにもかかわらず、そのまま口に運び、盛大に吹き出す。それを繰り返しているのだ。

そんな話を聞けば誰だって、なぜそんなことをしているのか、介護士が何も手を差し出さないのはおかしい、と思うだろう。初めてその光景を見た時は私自身も、なんで職員は誰も止めないのだろう、と疑問に思った。

佐々木さんの第一印象は、威厳溢れる昭和の頑固親父。顔は痩せこけているものの、眉間にシワを寄せ、キリッと人を威圧するような眼をしていたのが印象的だった。若い頃の記録を見ると、勤めていた会社では出世を続け、かなりの地位まで上り詰めていたらしい。

昭和を生き抜いてきたこのあたりの年代の方たちは、利用者もそのご家族も高圧的な態度で要求をすることがとても多いのだが、佐々木さんの奥さんも例に漏れず、なかなか要望の多い方だった。そしてこの奥さんこそ、職員が佐々木さんの食事を止められない理由だった。

ベッドでは、

「空調の微妙な温度変化に気を付けろ」

「主人が新聞を読む時間は設けたのか」

「整容はきちんとしろ。主人は昔からきっちりした人だった。施設でも職員が徹底して行え」

「義歯ケースに汚れが残っている。こんな不衛生な環境で感染症になったらどうするんだ。この施設は衛生管理が全然なっていない」

「何年も勤めている職員なのに、主人が自分で寝返りを打てないのを知らないのか？」

「この時間はあっちの方向を向いている時間のはずだ。まだこっちを向いているということは職員が体の向きを変えていないからだろう！　皮膚が圧迫されて床《とこ》ずれしたらどうしてくれるつもりだ！」

「体の向きが正しくない！　体にかかる圧が分散されないからこれでは寝返りしていないのと同じだ！」

「私が持参したビーズクッションがまた指定した位置と違うところにある！　何回同じ説明をさせるつもりだ！」

こうなるともう止まらない。奥さんの発言に関しては、確かにこちら側の不備が否めないところも多々ある。しかし、約50名が暮らす施設で、それぞれの1日のスケジュールや体調管理、行動パターン、食事のメニューや食べ方などを個別に考慮しながら、少ない職員数で業務を完璧に行うのは、残念ながら不可能に近い。

仮に佐々木さんだけを完璧に行うとしても、他の全ての利用者に対して同じようにしなければサービスを均等に提供しているとはいえないし、職員としても利用者1人1人に対していろいろな思いがあるため、特定の1人だけを特別扱いするわけにはいかないのだ。

また、利用者の中にも、そうした状況を見た時に特定の利用者だけが優遇されていることを理解できるくらい聡明な方は、わずかながらいる。職員は自分たちが思っている以上に、細かいところまでしっかり利用者たちに見られているのだ。

しかし、佐々木さんの奥さんは、そういった事情を話したところで理解してもらえる相手ではない。佐々木さんの食事に関しても、奥さんには危険だと繰り返し説明している。むせているのは食べ物が気管に入ってしまっているからだ。

奥さんはやはり口答えするのをやめない。

「主人は自分で食べる意思を見せていて、実際に食べる動作ができている。つまり主人はコレが食べたいとはっきり思っているんです！　主人の思いや望みを無視するつもりですか？　それに、体は自分で動かさないと次第に動かなくなってしまうんです！　あなたは主人を寝たきりにさせるつもりですか？　私は絶対に許しません！」

奥さんがそう怒鳴りながら拒否を続けた結果、家族の意見を無視するわけにもいかず、結局食事はそのままの形を継続することになった。

佐々木さんの奥さんの要求はとどまるところを知らない。職員たちはほぼ毎日来る奥さんに辟易《へきえき》しているが、奥さんの相手をしないわけにもいかない。

次第に職員たちは、佐々木さんの奥さんから逃げるように業務を行うようになった。その様子はまるで、施設内でたくさんの人間が行き交う中、佐々木さんと奥さんの2人だけが取り残されているようだった。

そんなある日、たまたま手が空いた私は、利用者や職員が集まるリビングフロアにいた佐々木さんの前に、新聞紙が置かれていたのが気になった。佐々木さんは新聞に長時間目を落としてはいるが、それをめくろうとする動作は見せなかった。私も地域のニュースを見たかったので、「佐々木さん。一緒に新聞読みませんか?」と言って隣に座り、自分が気になる記事を説明しながら読み聞かせていた。

しばらくすると慌ただしく動く人が周りから急に消えた。私も周りの変化を瞬時に察したが、その時にはすでに遅かった。

後ろから「こんにちは」と女性の低い声が聞こえた。新聞を説明するのに夢中になり、佐々木さんの奥さんが背後にいるのに気付かなかったのだ。

「主人を布団に寝かせたいから、あなた寝かせてもらえる?」と奥さんは続けて私に言った。

これは間違いなく「寝かせ方が指定しているのと違う。普段からちゃんとやっていればこうはならないはず！」からの１時間説教コースだ……。

「畜生、手が空いたからって普段やらないことなんかするんじゃなかった」

佐々木さんを部屋に連れて行く途中、私はずっと後悔していた。何をどうしても結果は同じだし、諦めて普通に怒られて話を聞こう。そう思いながら部屋に着き、佐々木さんをベッドに降ろし、先輩に教えられた通りにいつもの手順で佐々木さんの体を傾け、そしてクッション類で寝やすい位置に体を調整した。

その時、「あなた」と地を這うような声で一言。

内心ビクッとしながらも、冷静を装って返事をすると「さっきみたいなこと、いつもしてくれてるの？」と言われた。一瞬何のことかわからなかったが「もしかして新聞のことですか？」と尋ねると「そう」と一言だけ返された。

「佐々木さんは自分で新聞をめくれるとは思いますが、ずっと同じところを見ていてなんだかページがめくりづらそうだったので、その他のニュースもいろいろ知りたいかなと思って一緒に拝見しておりました」

「ありがとう。主人もきっと嬉しがってると思うわ。彼、早起きして新聞の全部のページに目を通してからじゃなければ仕事に行かなかったの。今は1人で新聞をめくって全部のページを読むのは難しいと思うから、きっと助かってるはずよ。時間があったらでいいから、また是非お願いします」

私が入職してから佐々木さんの奥さんから感謝の言葉を言われるのは初めてだったし、他の職員がお礼を言われているところさえ一度も見たことがなかった。本当に驚いた。

その日以降、佐々木さんの奥さんは面会に来るたびに私を指名するようになった。最初は周りの職員も不思議がっていたが、良い厄介払いができたとでも思ったのか、何かの業務中でも「ご指名だ」の一言で交代し、私が佐々木さんと奥さんの対応をしに行く。そんな状況も日に日に増えていった。

そんなある日、佐々木さんを車椅子からベッドに移し、いつものようにビーズクッションを配置すると、奥さんに声をかけられた。

「このクッション、きっとあなたは入った時にこう使いなさいって先輩に説明されたのよね。でもこれはクッションじゃないの。枕なの」

その日の奥さんの声はいつものように静かだが、威圧的な印象はなく、どこか悲しそうな声をしていた。

「この人ね、子どもの時、そば殻の枕を使って寝ていたらしくてね。寝つくまで枕を手で揉んで、鳴る音を聞きながら寝るのが癖だったんですって。

大人になってもその癖は抜けなくてね。今はそば殻の枕なんかなかなかないじゃない？　主人はこんな風に体が動かなくなってしまったけど、せめて昔を思い出してほしくて。それでこのビーズクッションを枕にしてほしいって、職員さんにお願いしたの。何回お願いしても体を支えるクッション代わりにされちゃってるんだけどね。

私ね、この人と結婚して、仕事という仕事に就いたこともないし、家のことだけやって、何一つ不自由ない生活をさせてもらっていたの。主人は仕事一筋。きっと私を守ることだけを考えてくれていたのね。そんな主人が職場で急に倒れて、気が付いたらこんな状態になってしまったの。

私、そこで初めて、社会というものを何も知らないって気付いたの。主人が全部やってくれていたからね。主人の病気も悪くなる一方で、未来を考えるとたくさんのことが不安で毎日泣いたわ。大の大人がね。おかしいでしょ？　でもずっと泣き続けて、ある日、気付いたの。主人を守れるのは、もう私だけ。私しかいないって。その時にもう泣くのはやめたの。

施設の人には何回も同じことを繰り返し説明したの。でも誰もやってくれないの。この人は自分で言えないから、私が言うしかないの。関係ないあなたに毎日無理なことばかりお願いしてごめんなさいね。新聞をめくって一緒に見てくれるの、この人きっと本当に助かったと思うわ。毎日大変だとは思いますけど、この人のこと、よろしくお願いします」

奥さんが初めて自分の思いを打ち明けてくれた瞬間だった。そのきっかけは本当に偶然で些細なものだった。知らなかった、奥さんがそんな思いをしていたなんて。想像することもできなかった。そんな自分がとても恥ずかしく感じてしまった。奥さんにその事実を伝えることなどできなかった。私は「わかりました」とだけ答えた。

それから、私の見方は変わった。佐々木さんの奥さんの思いは今日もまた忘れられて、ビーズクッションは佐々木さんの脚置きに使われていた。このクッションは脚置きではない。佐々木さんの奥さんにできる最大限の愛の形なのだ。

このクッションの置かれた意味を知らない職員、説明されたけど忘れてしまった職員。きっと互いに言い分はあるし、事情もある。

でも、私は知ってしまった。佐々木さんの奥さんの本当の思いを。奥さんは必死にその思いを職員に伝えようとしていただけだった。長く孤独な戦いの中で疲弊した奥さんは、自分と愛する家族を守るため、他者に隙を与えないような物言いと態度に変わっていったのかもしれない。

私はビーズクッションを脚置きから外し、佐々木さんの枕に交換した。

第3章 職員たちによるトラブル

静かに殺される利用者たち

「このバカ野郎!!　☆※○〆＝〒@!!」

朝の4時を回ったくらいの時間。利用者の言葉にならない叫び声で施設の1日が始まる。それに対して、私の仕事はあと数時間で終わりというところ。夜勤の仕事のラストスパートだ。施設に入居している利用者たちの朝はとにかく早い。

この施設はグループホームと呼ばれる形態の場所だ。介護を必要とする度合いが比較的低く、専門的な医療的ケアを必要としない方たちが、住宅のような施設の中で集団生活をしている。

そこに入所している木下さんは、施設内では比較的若い女性利用者で、自分で歩き回れる上にトイレの介助も必要ないレベルの方だった。介護施設に入っている利用者の中ではかなり身体的に優れているほうと言えるだろう。比較的歳が若く、身体的な動作も良好。それなのに高齢者施設に入所しているのには、やはりそれなりの理由があった。

トイレから出てきた後の彼女は、まず職員による身体チェックを受ける。トイレットペーパーを体中のあちこちに隠し持っているからだ。パンツの中はもちろん、着ている洋服の襟首の裏やフードの中、履いているスリッパの中にまで。あらゆる手段でトイレットペーパーをどこかに持ち出そうとするのだ。

それらの押収が終わると決まって「このバカ野郎‼　☆※○〆＝〒＠‼」と意味不明な言葉とともに職員を手で突き飛ばして、自分の部屋に行くと力強く音を立てて扉を閉める。部屋に入ったと思ったら５分後には部屋から出てまた徘徊を始める。それをひたすら繰り返すのが木下さんの１日の動きだ。

１日の中で寝ている時以外の時間は、怒っているか、泣いているかのどちらかだった。木下さんの行動の不安定さは、若年性認知症によるものと思われた。

認知症による人体への影響や変化はさまざまな形で現れる。認知症の進むスピードは人それぞれだ。加齢によって歳相応に起こる認知症に比べると、若年性認知症は進行が早く変化も大きく現れることが多い。木下さんとは会話することさえも難しい。発する言葉はなんとなく雰囲気で理解できるが、支離滅裂な言葉を話す。木下さん自身が何をどこまで正しく認識しているのかは、正直誰にもわからなかった。

ある日、木下さんが職員ではなく利用者を突き飛ばそうとする事態が起きた。その利用者は手すりにつかまりながら歩くのがやっとの状態だった。突き飛ばそうとしていた木下さんを付き添いの職員が慌てて止めて注意したが、当然、話の通じる相手ではなかった。内容を理解できない木下さんは泣きながら部屋に戻り、5分後にはまた怒りながら部屋から出てくるのだった。

万が一、他の利用者を突き飛ばして転倒させては大怪我にも繋がる。グループホームへの入居は他人と集団生活を行えることが大前提であるため、木下さんの行動は大きな問題となってしまった。だからといって24時間監視するわけにもいかない。木下さんは職員を突き飛ばせるくらいの力を持っているが、会話を理解する能力はない。そんな時、施設はどうするか。

私が所属していた施設では、契約先である病院から週に1回、医師が直接往診にやって来ることになっていた。あくまでも往診であり、専門的な医療が必要になった際には家族が病院に連れていくというのが決まりだった。しかし、私が施設に所属してから数年間、木下さんのご家族を見たことは一度もなかった。

医師には木下さんの状況、他者に対しての攻撃性、暴力行為について説明をした。

「神経の働きを穏やかにする薬を処方してみて、それで様子を見てみましょうか」

医師からの提案により、薬物投与による改善を試みることになった。その薬は非定型抗精神病薬と呼ばれるもので、介護の現場では現在でも一般的に使われている。木下さんは1か月ほど継続して、決められた時間に決められた分量の薬を飲んでいたが、彼女の他者に対する問題行動は一向に改善されなかった。

見かねた1人の職員が施設の責任者と医師に対し、「これ全く効かないんですけど‼」と何回も不満そうに詰め寄っていた。職員の名は佐藤というのだが、施設でもかなりの古株で、典型的なオツボネ様だった。言いたいことは全部言うが、他人の話は一切聞かないタイプの人間である。

グループホームは施設の規模が小さいことが多く、職員もその狭い世界の中で互いに上手くやっていかなければ業務に支障が出る。そのため、佐藤の発言にあまり強く言い返せないのは施設責任者とて例外ではなかった。

ある日急に、定時薬として出されていた非定型抗精神病薬の服薬量を2倍にするという指示が出されていた。

確かに効きが悪く、効果らしい効果は現れていなかったが、短期間に薬の量が2倍に増えるというのはかなり大きな変化であり、通常では考えられない指示状況であった。しかし、介護士は薬や医療行為に関与する権限を一切持っておらず、基本的には医療関係者が一括して指示することとなっており、その時は私も指示に従っていた。

精神薬の服薬量が2倍になった木下さんはさすがに薬が効き始めたのか、独り言や他者への暴言、攻撃性が目に見えて減っていった。

今振り返ると、あの時点で異常に気付くべきであった。あれは紛れもなく、薬による虐待行為だった。

薬は木下さんを静かに、ゆっくりと壊していった。まず、食事のスピードが極端に落ちた。医師の説明によれば、精神薬を飲むと感情の起伏がなくなるが、副作用として動作の緩慢や倦怠感が生じるということだったので、職員たちはこれも副作用によるものと認識していた。

次に、1人でトイレに行くことができなくなってしまった。以前は自分で排泄物の処理まで行えていたのが、自分の排泄物を見て大声を上げ、それに対して怒るようになった。自分の排泄物に対して自分がしたものと理解できなくなっていた様子だった。そして排泄物そのものを理解できなくなったのか、排泄物を手に持って遊ぶようになってしまった。しまいには自分でトイレに行くということさえも忘れてしまったのだ。

1人でトイレに行けていた時から投薬が始まり、たった数か月で、1人で歩くことはおろか、椅子に座った状態を保つことさえできなくなっていた。背もたれ付きの椅子に座っても体が横にずれ落ち、床に倒れそうな姿勢になってしまう。

これは流石に何かがおかしい。私は薬に関する指示を調べた。すると、薬の量を2倍に増やすという医師からの指示はどこにも存在していなかったのだ。誰がどの時点で2倍に増やす指示をしたのか。報告や引き継ぎミスが起き、そのまま継続されてしまっていたのか?

いや、彼女だ。佐藤の仕業に違いない。証拠はないが、恐らく間違いない。彼女の勤務時はたいてい、木下さんの様子が異常なまでにおかしくなっていた。彼女はやたらと木下さんを目の敵にし、常々「こんな暴力行為を働く利用者が施設にいるのはおかしい」「こんな人が入居していて他の利用者に何かあったら施設は責任を取れるのか?」と責任者に詰め寄っていた。

しかし、佐藤が指示変更を意図的に偽ったという証拠はなかった。そして今思えば、薬や書類を保管・管理をしていたのは責任者だった。きっと責任者もわかってやっていたのだろう。

この問題はさまざまな追及を受ける前に結末を迎えることとなる。

「木下さんは現状を見ても当施設での生活は困難と判断されるため、当グループ内の違う施設に移動することになりました」

突然、木下さんは設備の揃った違う施設に移動することに決まったのだ。しかしその移動先の施設は、施設グループ内で迷惑行為や問題行動を起こして手に負えなくなった利用者や、さまざまな問題を抱えて手に負えない職員が各地より集められる、現代の姥捨て山のような施設として有名な場所だった。

施設移動が決定した後はトントン拍子で話が進み、あっという間に木下さんはその施設に引っ越してしまった。それを止められる数少ない存在であるはずの木下さんのご家族には、結局最後まで一度も会うことがないままだった。私の勤めていた施設では、施設に入居している利用者の大半が同じ状況だった。身寄りがなく、職員も家族の名前すら把握していないような利用者が多く集められていた。そこは、例の姥捨て山施設に連れて行かれる1つ手前ギリギリの施設だったのかもしれない。

木下さんが引っ越す前日に予備の薬の整理をしていた時、私はとても驚いた。封も開けられていない同じ薬が棚の奥から大量に出てきたのだ。中にはなんと使用期限が切れているものまで存在していた。薬の期限が切れるというのは相当な月日を要する。この無駄な薬は全て木下さん名義になっていた。

書類上の日付を確認すると、何か月もかけて初めて使い切るような大きさの高価な軟膏などが、毎月かかりつけの医師から処方され、その代金が見たことのないご家族へと請求されていたのだ。

もちろん、通常は医師の診断に合わせて薬を処方し、その代金の一部は家族が、料金の大半は介護保険から徴収される。つまりはそのほとんどは国から支払われる介護報酬と呼ばれるもの。わかりやすく言えば私たちの「税金」からほとんどが賄われている。それが国から医師に報酬として支払われる形となっているのだ。

一体、ここの費用請求とはどうなっていたのか。全て管理・統括して家族に請求をしているはずの会社や責任者、管理者がその事実や実態を知らないはずはない。

「そういうことか……」

私はそれ以上考えるのをやめた。そして、私はその施設を退職した。

木下さんはいつから木下さんではなくなったのだろうか。認知症によって徐々に自分を失っていったのか。それとも木下さんを私たちの手で壊していったのだろうか。薬漬けにされた木下さんは正しく生きられたと言えるのだろうか。

私が現在所属している施設では、薬は通常の物でも厳重に管理される。その中でも特に向精神薬や医療指定麻薬などは扱える人が制限され、厳重に保管されている。使用時には記録として、使用前の状況や使用理由などの詳細な情報、使用後の残薬数、用量、取扱者の氏名など、何項目にもわたる管理記録が残されている。

私が過去にいた施設のように、ずさんな管理体制が敷かれていたり、不必要な薬を追加発注し続けて国や家族に過剰な金額を請求したりすることはまずない。万が一発覚した際には会社や行政から厳罰処分が下されるという契約を、職員は入職時に結んでいる。

「○○様、精神不安定状態が見られるため、○月○日○時、○名確認。精神薬使用します」

今日も、あの時の木下さんと同じ薬を飲まされる利用者がいる。

「本日、○時に○ミリグラム、○○様に○○薬を使用しております」

勤務交代の際には、使用理由や状況などがしっかり引き継がれる。これが通常の服薬だ。

しかし、厳重に管理されるような薬を使い続けると人体にどのような影響が出るのか、その実際の状態を知る人が少ないのもまた事実なのではないかと考えてしまう。私たちは何の疑いもなく薬を利用者に飲ませているが、それがどんな作用を及ぼすのかはよく知らない。疑うことなくそれを利用者に飲ませる介護士。疑うことなくそれを飲み込む利用者たち。

知らずにとはいえ、結果として木下さんは私たちが殺したのだ。虚ろな目で、体は脱力し、人形のようになってしまった木下さん。違う施設であの薬を利用者に服薬させる時、いつも木下さんの最後の姿が頭に浮かぶ。

「この方にも同じ薬を飲ませているけれど、この方もいつか木下さんのようになってしまうのかな」

そんなことを考えていても、私には止められない。医師の指示により、何の疑いもなく精神薬を利用者に服薬させる。その先の状態を知らない介護士は今日も静かに、自覚のないままに人殺しに加担していく。極限にまで薄められた人殺しの責任を、介護士たちはゆっくりゆっくりと知らないうちに負わされていく。いつまでもきっと気付くことはない。

鬼畜の仮面

「この人、なんでこんなに声を上げて大騒ぎするんだろうね？」

「本当に。この人はうちの施設で見るべきレベルじゃないよ。もしそうするなら精神安定剤を入れて大人しくさせないと無理だよ」

「この人、こんなにわがままなのは、きっと家でちゃんとしつけをされなかったからだよね。病気だからって甘やかされて育ってきて。それで家族は面倒見切れなくなったから施設に入れて、私たちの税金でいろいろ保障してもらってるんだから、本当に都合いいよね」

利用者本人やご家族について、思わず耳を疑うような誹謗中傷の数々。残念ながら、これらは介護施設で実際に交わされていた日常会話の一部である。

体が硬直して着替えるのが難しい利用者には「足の筋を切ってもらえば？」と悪態をつき、食べるのが遅い利用者には「次の人が待ってますから、食べる気がないならそこをどいてもらえますか？」と面と向かって当たり前のように吐き捨てる。

言葉を発している本人たちの顔は皆、醜悪で高圧的な表情をしている。聞いているこちらの背筋が凍るような言葉を平然と発する本人たちは恐らく、自分自身が利用者に対して向けている狂気に気付いていないのだろう。

不思議なもので、そういった発言をする人たちは決まって同じことを言う。

「私が怖いのは施設の中だけだから」

本当にそうなのだろうか。施設から外の世界に出て行く時、その人たちは被った鬼の仮面を外して帰っているのか？　鬼の仮面が顔に貼りついて、すでにその人の素顔と一体化しているようにしか見えないのだが……。それとも、その人たちの普段の顔こそが仮面であって、施設の中だけの怖い顔こそが、その人自身も気付いていない本当の素顔なのか。

人を管理する側として介護施設で仕事をしていると、人は多かれ少なかれ、徐々に何かが狂っていくのかもしれない。

私が施設の新入職員に声をかける時は必ず、なぜこの仕事を選んだのかと理由を聞く。すると大多数の職員が「人と接するのが好きだから」と答える。嘘偽りない気持ちなのだろう。その言葉を聞いて私は嬉しく思うと同時に、この先介護を続けていく上で、彼らにあることを伝えなくてはならなくなる時が来ると思うと、少し憂鬱になってしまう。

大体の職員は2、3年勤める頃には介護という業務に慣れ、立派な介護士となっている。新入職員だった頃の面影はなくなり、肉体的に辛い仕事をいともたやすくこなしていく。しかし、彼ら彼女らの顔にもまた、あの鬼の仮面が貼りつき始めていく。


介護の仕事は理屈ではない。利用者にもさまざまな方がいる。

ある施設に、転倒して足の骨を折ってしまった利用者がいた。普通はその状態で歩くことなど不可能だが、骨の折れた足を引きずり、昼夜を問わず徘徊行動を繰り返す。高齢者は認知症などにより自分の状況を正確に理解できないことがあるが、痛みが生じる危険性がわからないのか、痛みさえもわからないのか、もはや私たちにも想像がつかない。

再び転倒してさらに骨を折るかもしれないし、転倒して頭を打ったら命の危険さえある。あまりにも危険すぎるため、職員は徘徊行動をやめさせるのだが、利用者は行動を抑制されたことに対して興奮し、喚《わめ》き散らし、安定しない体を大きく動かしながら必死に抵抗する。手がつけられない状態だが、だからといって放っておくこともできない。利用者がこちらの指示や意向を無視したあげく勝手に負傷したという状況であっても、管理不足として始末書を何十枚も書かされる。こんなことも日常茶飯事だ。

他にも、夜中になると性格が豹変し、刃物を持って職員に襲いかかって来る利用者がいた。危険な感染症に罹患《りかん》しており、他人にうつす恐れのある利用者もいた。排泄物を身にまといあたり一面を手当たり次第に汚す利用者もいた。彼らも人間だが、精神病や認知症によってまともに話が通じないのはもちろん、自分の行動によって何が起きるのか、なぜそれをしてはいけないのかを理解することも困難な状態である。

介護士の日常とは理不尽の連続の日々だ。誰もが心に殺意を抱いた経験があるだろうし、それも一度や二度ではないだろう。何も考えずに感情を解放して、己の衝動のままに利用者に暴力を振るったら、どれほど爽快で気が晴れるだろうか。他の人がどうかはわからないが、私は介護を続けていてそう思ったことが何度もある。しかし、私たちがそれを実行することは決して許されない。社会的にも、仕事的にも、何より、人として。

長く勤めてくれた私の後輩たちに私が必ず伝えていること。伝えなくてはならないと思っていることがある。

入職した動機を聞いた時、あなたは人が好きだから介護の世界に入ってきたと答えてくれた。その気持ちは未だに変わっていないかもしれないし、介護の世界の現実を見て気持ちが変わったかもしれない。でも、介護を始めた時は私もあなたも、人が好きだからこの仕事を選んだ。その事実だけはこの先も忘れないでほしい。何度も思い出してほしい。

現実を見て知って、あなたはたくさんの理不尽に直面してきた。きっと仕事を始めた頃は、私たち先輩職員たちの利用者に対する態度や声かけに疑問や違和感、時には怒りを覚えたでしょう。なんでそんな酷い態度なんだ。なんて酷い声かけなんだ、と。

私も最初はそうだった。しかし、いつの間にか利用者に辛く当たる人たちと近い存在になってしまっていた。きっとあなたたちにもそう見えたことがたくさんあるでしょう。

今のあなたたちはどうですか？「人と接する仕事がしたい」と思っていた過去の自分からどれだけ変わりましたか？

理不尽や違和感に心を折られ、怒りに支配され、それでも利用者に対して介護を続けてきた。それは誰にでもできることではない。だけど、その中で忘れていることがたくさんある。私はあなたから「人と接することが好きでこの仕事を始めた」と聞いて、私も初めは同じ気持ちだったと思い出させてもらった。

理不尽を我慢する必要も、ストレスを抑え込む必要もない。あくまでも仕事。仕事とは、人生を豊かにするための道具の1つにすぎない。仕事に人生を壊されるな。仕事に自分を乗っ取られるな。どんなに嫌なことがあっても、決して私たちのような鬼になってはいけない。


振り返ってみれば、今現在の私はどうだろう。この仕事で一番偉い存在とは、おむつ交換が早い人でも、正確に人を運べる人でもない。人を好きでいられる人、人を嫌いにならない人だ。

私はもうそれが何年もできていない。しかし、新しい職員たちは皆、人が好きな状態で入ってくる。少なくとも彼らは利用者に対して鬼畜のような態度を示したり、乱暴な言葉を吐き捨てたりはしない。

私も仕事を続けているうちに、鬼の仮面を重ねてきてしまった。だからこそ、次の世代たちに伝えたいと思っている。

介護の仕事は、人の心を無くしていく仕事だ。介護という地獄の世界に、鬼はもう充分足りているだろう。これ以上、介護の世界に鬼畜は必要ない。

畜生道

畜生と呼ぶにふさわしい人間性を持つ人とはどんな人か。有名な連続殺人鬼？　人を騙して大金を奪い取った人？　いろいろな人を想像できるだろう。私は大野という職員のことを思い浮かべる。大野は本田さんという利用者に対して直接、ある残酷な言葉を投げかけた。

本田さんは常に手足を大きくバタバタと動かしている。言葉は喋れるがかろうじて聞き取れる程度のもので、慣れていない人が聞いたら理解することは困難だろう。

「あ、あう。うぃい。あいう。あ」

例えばこんな感じで、ありがとう、と言っている。こちらから何かをした時、本田さんから発せられる言葉だった。私はその時の状況と言葉を繋ぎ合わせて、本田さんが言っているであろうことを予測していた。

本田さんは元々、健常者として産まれて順調に成長し、生きてきた。今の状態は進行性の病気によるもので、この病気は現在、治療法が見つかっていない。これだけ医療の発達した現代においても、治療法の見つかっていない病気は数え切れないほど存在している。

本田さんは健康だった時に結婚された相手がいて、現在の症状が出る前に授かったお子さんが数人いるらしい。お子さんたちはすでに成人されていて、奥さんとお子さんたちは足繁《しげ》く本田さんの面会に来ては、多くの時間を一緒に過ごされていた。自分の親が変わり果てた姿になっても現実に向き合って面会に来るというのは、大きな勇気が必要だろう。私は奥さんとお子さんたちを見ながら、家族としての絆と愛の強さを感じ、その方たちを密かに尊敬していた。

そんな本田さんに、大野という職員はいつも横暴な態度を取っていた。

「自分では何もできないくせに」

「こんな体になったら、私なら耐えられないわ」

大野はどの利用者に対してもそうなのだが、その場で思ったことを後先考えずに口に出し、その時の感情で行動する。介護に限らずどこの職場や環境にも存在するような評判の悪い職員だ。その中で一番タチが悪いのが、こうした悪口を利用者本人の目の前で言うことだ。介護という業界において、このような性格の悪い職員が決して少なくないというのも問題の1つなのだ。

しかし、本田さんに対して大野が悪態をつくのには、ある理由があったのだ。本田さんの病気についてである。

本田さんの病名に関してはその特性上、現在罹患している方にさまざまな弊害が生じる危険性があるため、この場では伏せさせていただくが、その病名はご家族の前で決して口にしてはいけないという、施設内での決まり事があった。

本田さんの病気はウイルス性のものではないため、第三者がかかるということはまずない。しかし、遺伝的要素が強い病気のため、ご家族が。そう、今後お子さんが本田さんと同じ病気を発症する確率が極めて高いということなのだ。このような決まりがあるのはそのためで、この事実は本田さんのお子さんたちには知らされていない。

施設内では病名を始め、その事実を語ること自体、固く禁止されている。その事実を知るのは、本田さん、奥さん、そして私たち施設職員だけだ。お子さんはいずれ、極めて高確率で本田さんのような状態になる。お子さんはいずれ自分の親と同じ状態になる運命にあることも、その治療の方法が存在しないということも、自分の体の中に病気を引き起こす遺伝子があることも知らない。

　ということは、発症する前に結婚して子どもが生まれた際には、その遺伝子が本田さんのお子さんから新しい命に受け継がれてしまう可能性も極めて高いということだ。

　これらの事実を語る権利は私たちにはない。その権利を持つ本田さんたちは今現在、語らない選択をしたままなのだ。


　そんな本田さんの目の前で、大野がこんなことを言った。

「本当にこの人は勝手だよ！　子どもを作る権利なんかないんだよ。自分勝手に何も知らない子どもに色々押しつけて！」

　私は思わず耳を疑った。大野は正気か？　とさえも思った。一度口から出た言葉を取り消すことはできない。それを聞いた本田さんはどんな心情だったのだろうか。言葉は喋れずとも意思ははっきりとしている本田さんは、大野の言葉を聞いても相変わらず手足をバタつかせながら「あああぅあああぅ」と呻き声のような言葉を発していた。

私は未だに大野の発言を許せずにいる。いくら横暴な職員でも、この発言だけは度を超えている。私たち介護士は利用者を痛めつけるために存在しているのではない。介護士であろうとなかろうと、人として許される発言ではない。

しかし、残念なことに、このような介護士が数多くいるのも現実なのだ。大野たちは自分の言動がどんなものかを理解していないのだろうか。

過酷で劣悪な環境に精神が適応していったのか、人の理不尽な運命が交錯する環境に身を置き続けたがゆえに、人としておかしな方向に変化していったのか。それともその人本来の性格なのか。それは私にはわからない。

しかし、私自身も振り返ってみれば、「私は虐待などしたことがない」とは言えないのだ。私は利用者を虐待している。

それは毎日の何気ない業務の中の行動1つ1つに隠れている。直接危害を加えたことはないが、声のかけ方1つ、車椅子の押し方1つ、全部に悪意を込めたことがないかと言えば嘘になる。悪意は間違いなく介護の日常に潜んでいるのだ。

永遠の子ども

障がい者介護と高齢者介護の違いの１つとして、障がい者施設は高齢者施設よりも入居者の平均年齢が若いという点が挙げられる。

障がい者の平均寿命は、健常者より短いと言われている。同じ歳の障がい者と健常者を比べた時、障がい者は健常者より15～20歳ほど身体的年齢が高いと言われることもある。実際の障がい者施設内では年長者で50～60代が多く、それ以上の歳の方は少ない。

障がいを持った子どもが長生きすると、そのご両親が70～80代ということも多くなる。体が追いつかないだけで、本当は自分の子どもの面倒を自分で見たい。ご両親たちはそんな強い気持ちを持っている方が多く、数日おき、あるいは毎日我が子の面会に来る方も珍しくない。職員一同は頭が下がる思いである。

しかし、その強い気持ちゆえか、介護士に対して介護の要望や苦情をやかましく口にする方もいる。いわゆる「クレーマー」である。しかも相手は70～80代の高齢者の方々であり、言動に違和感や矛盾のある方も多い。

私が所属していた施設は職員の年齢層が若く、職員の大半が20代前後。30～40代の職員も在籍していたが、ほとんどが独身で、子どもがいる人は少なかった。そのためなのか、職員たちにとって実際に親となった人の気持ちは理解しにくいものだったようだ。とはいえ、親たちの子どもに対する想いが偏愛や執着の域に達しているのではないか？　と思うこともしばしばであった。

その子どもたちはどこからどう見ても立派な中年男女であり、初老と呼べる年齢の方も少なくなかった。それなのに親たちは自分の子どもに対して「○○ちゃん」「○○くん」と、まるで子どもの時から時間が止まってしまったかのように、自分の小さい子どもをあやすかのように振る舞うのだった。その姿は俗に言うマザコン中年群像を目の当たりにしているかのようで、側で見ている私には悪夢のような光景に見えることもあった。

ある日、新入職員としてフィリピン国籍のフェルナンドが入職してきた。

フェルナンドが入ってきた時、私は自分と違う文化で育った彼が日本の介護に対してどんな視点や考えを持っているのか気になり、密かに彼を観察することにした。

フェルナンドは少し変わった価値観を持っていて、木村さんという利用者と一緒にいることを好んでいた。木村さんは比較的体格ががっしりした男性で、重度の障がいを持っているため意思の疎通は不可能だった。彼には特徴的な行動がある。交換のためにおむつを下ろされ、自分の下半身が空いたのを認識した途端、自分の陰嚢《いんのう》を両手で鷲掴みにしたかと思えば、音を立てて引きちぎれるのではないかとこちらが心配になるくらいの勢いで引っ張り上げる。

正確には痒くて掻いているのだろうが、物凄い勢いで掻きむしるため、阻止しようと両手を塞ぐと、今度は「ッタァーン‼　タァーン‼」と物凄い勢いで、自分の陰部目掛けて器用にかかと落としを繰り出すのだ。排便をして便が付着していようが、お構いなしである。

また、木村さんは無表情でいたかと思うと急に「ツーン！」とくしゃみのようなものを繰り返すことがある。鼻からは常に何かが飛び出していて、ご飯を食べる時もくしゃみのようなのをするので、ご飯粒が「ツーン！」と音を立てて鼻から高速で射出される。私は食事の介助でそれを見るたび「車のエアサス（※エアサスペンション）みたいだな」と思っていた。

フェルナンドはそんな木村さんをとても気に入り、いつもそばにいた。私が「木村さんのどこがいいんですか？」と聞くと、

「彼の近くにいると安心する。彼の物静かな雰囲気は、森林で日光浴をしている時のように静かで穏やかな心にさせてくれる」

と発言していた。しかし、私はやっぱり車のエアサスみたいな方だと思っていた。


そんなフェルナンドと、施設の利用者について話をする機会があった。

私は何気なく「ご家族の方たちは障がいを持った子どもを何年も何年も支えて、これからも支え続けていく。利用者たちの状況は悪くなることはあっても、良くなることはほとんどない。辛いですよね」と言った。

するとフェルナンドは、私の考えを根底から覆す答えを口にした。

「私は決してそうは思わない。確かに障がいを負った彼らが、このままの状態から変わることはない。子どもから大人になったり、独り立ちしたりすることはないだろう。

しかし、親たちにとって彼ら、彼女らは子どもだ。永遠に子どもだ。子どもが永遠に子どもという存在でいてくれるというのは、ある意味では親たちからすれば永遠の願いであり、本来ならば叶わない夢でもある。それがどんな形であれ、こうして形になっている現実が不幸だとは私は思わない。これは彼らにしかできない、彼らなりの親孝行とも言える」

その言葉を聞いた時、私は自らの考えを恥じた。私が人という存在について、いかに傲慢で偏った考え方をしていたかということに気付かされた。

今の状況が幸せか不幸かを判断するのは、第三者ではなく当人たちなのだ。それを第三者が当人たちに聞きもせず、安直な考えや固定観念だけで判断するということは、どれほど浅ましく、愚かで、そして危険なことだろうか。

恵まれた環境や理想を追い求めることも1つの選択だが、今の環境を受け入れ、その中で新しい幸せを探すこともまた、幸せを実現することと言えるのだと感じた。

利用者とその家族に対するイメージが、私自身が知らず知らずのうちに持っていた偏見だけでなく、障がい者とそれに関わる人たちが総じて不幸であるという思い込みから来ていたのだと、強く反省させられた。

あの時、フェルナンドはきっと、本当に何気なく発言しただけだと思う。しかし、それは本当に普段からそう思っているがために自然と発せられた言葉であり、嘘偽りのない気持ちだからこそ、私の心にこうして何年も残り続けているのだと勝手に思っている。

私たちは普段からさまざまな差別を無意識のうちに行ってしまっている。

しかし私は、フェルナンドの発言がきっかけで、改めて利用者家族の立場になって考え、家族の気持ちに同調することができるようになった。あるクレームに対して、私がそうした気持ちを持って謝罪したところ、それが結果的に功を奏してクレームの解決に繋がり、なおかつ気難しい利用者家族に気に入られるということも過去に何度かあった。

私は利用者の家族がいつまでも子どもに依存しているという偏見を持ってしまっていた。フェルナンドから教えられた視点に気付けなかったらこの偏見も振り払えなかったと思っている。この場を借りてフェルナンドに感謝の意を表させていただきたいと思う。

利用者の視点から見た施設職員

私は高齢者施設に入居している。

ここの職員たちは我々を総称で「利用者さん」と表現する。利用者の○○さん。私たちは利用者として一括りにされていて、職員たちが1人の人として接してくれているかというと、どこか疑問に感じる。私が利用者ではなく1人の人として最後に名前を呼ばれたのはいつのことだろう。それさえも、もう思い出すことができない。

◎午前5時

待ち構えていたかのように突然現れた職員は、寝ている私たちに一言も声をかけず、唐突に無表情のまま布団と服を剥ぎ取る。次の瞬間にはおむつを交換し、新しい服を着せ、無言のまま足早に去っていく。そして隣でも同じ音が聞こえてくる。

彼らは朝の定時に行う着替えとおむつの交換を早く終わらせたい一心なのだろう。時間ぴったりに現れるのは、開始時刻より早く衣類を交換することが禁じられているからだ。

寝ている最中に排泄物が漏れている時などはいつだろうと関係なく、やはり声などかけられることもなく、寝ている私の体を左右に何度も転がしながらおむつを替える。私の手や足や顔がベッドの柵に何度もぶつかっていても気付いていないようだ。

むしるようにおむつを取ると、替えのおむつをキツく頑丈につけ、蔑むような視線を私に向けてそのまま無言で去っていく。

施設職員の顔からはいつも疲れと苛立ちを感じる。感情が見えることはほぼない。人によっては床ずれ予防として、夜中2～3時間おきに寝ている体を急に動かされているようだ。施設に入って、朝まで静かに寝続けたことなどほとんどない。

◎午前7時

一斉におむつ替えと更衣をされた後は、そのまま放置される。しばらくすると職員が複数人でやって来て、体を投げ飛ばすような勢いで私たちを次々に車椅子へ乗せていく。その後は何時間もその場に座らされることとなる。私は自分で姿勢を直せないため、お尻が非常に痛い。10分でいい。一切動かないまま、同じ姿勢で椅子に座り続けてみてほしい。きっと私の辛さがわかっていただけるだろう。

車椅子に乗せられた後の数時間、私は何もできずにただ座っている。優しい職員が気を使ってテレビをつけて去っていったが、残念ながら私の座っている位置からはテレビ画面がほとんど見えない。これもこの施設ではよくあることだ。

◎午前8時

全ての利用者が食堂へと集められる。まだ行きたくない、後で行く。そんなわがままは通用しない。「途中でトイレに行きたい」と訴えるだけで、大半の職員は嫌な顔をする。嫌な顔をされるならまだ良いほうだ。

「今ですか？　さっき行くか聞いた時に行かないって言ったじゃないですか」

「ご飯が来るから1人だけ勝手な行動はしないでください。対応できません」

こんな調子で怒られる。人によっては話しかけただけで激しく怒鳴られることもある。トイレに行きたいことを伝えても対応してもらえず、仕方なく我慢した結果、我慢しきれずに失禁してしまった人がいた時は「なんでこうなる前に早く言わなかったの‼」とさらなる怒号が響いた。我々は職員の言葉に口を出さず、ただ耐えることしかできない。

食事はご飯、主菜、副菜、付け合わせ、汁物、そしてお茶。その全てを5分から10分で食べなければならない。というより、職員に食べさせられるのだ。

職員は私たちが食べ終わるまでの時間を競い合っている。食べるというより、飲み込むというべきか。食べ物を口に入れた直後には、もう次の一口を入れることを要求される。

最後にまともに食事をしたのはいつだろうか。私はまだ普通の食事の仕方を覚えているのだろうか。

◎午前9時

職員の大多数がこの時間に出勤する。毎日この時間に1日の良し悪しが決まる。この日の職員は最悪な組み合わせばかりだ。その中でもまだ優しいほうの職員たちは皆、ひどく疲れた顔をしている。きっと嫌な職員と組まされることが苦痛なのだろう。

◎午前10時

何もすることもなく、誰にも話しかけられず、さっきからずっと同じ位置で車椅子に座っている。座っているというより、縛りつけられているというのが正しい。お尻の感覚は痛いを通り越し、麻痺して何も感じない。目の前のテレビから垂れ流される興味も関心もない情報を、同じ位置で一方的に延々と見せられている。

昨日のこの時間は、職員が童謡を歌うことを繰り返し強要してきた。

どんぐりころころ　どんぶりこ。

この歳でなぜ、幼稚園児が歌うような歌を強要されねばならないのだろうか。他の人たちはなぜそれに大人しく従えるのだろう。私はそんなことはしたくない。私は大人だ。情けない。悔しくて涙が出る。

私の子どもたちが今の私の姿を見たらどう思うだろうか。職員たちは自分の親が同じことを繰り返しされたらどう思うのだろうか。自分の親が童謡を歌わされて褒められている姿を見たいと思うのだろうか。

しかし、私にこれらを拒否する権利はないらしい。嫌だと言ってもこの場に連れて来られ、参加することを強要される。

私の１日の大半はたいていこんな感じだ。こんな日々をもう何年も繰り返してきた。そして明日も、明後日もきっとこうなのだろう。きっと私の命が尽きるまでこの毎日が繰り返されるのだろう。私の人生はこんな日々を迎えるためのものだったのか。なぜ私がこんな目に遭っているのだろうか。

◎午後0時

昼食だ。今日は何か特別な行事の日らしく、昼食も通常と違う特別メニューらしいが、特に代わり映えしないメニューに見える。私は噛む力や飲み込む力が低下しているため、食事は食べやすいように加工されているが、元の食事の原型をほとんど留めていない。カラフルなヘドロのような見た目の物体だ。

今日は運悪く、特に恐ろしい職員に当たった。この職員は異常なまでに効率化を求め、1つの大きな皿に食べ物をまとめて入れると、それをグチャグチャ音を立てて混ぜ合わせる。白、黄色、緑、赤、さまざまな色の物体は、かき混ぜられて元の色さえ残っていない。かろうじて食べ物と認識できていた物体は、一塊のドロドロした何かに変わってしまった。職員はそれをレンゲのように大きなスプーンで私の口の中に流し込む。気分は最悪だ。

隣の利用者も通常の食事をとることが難しく、私と同じような食事を提供されている。しかし、隣の職員は皿を1つ1つ利用者の目の前に持ってきて、今日の特別食の内容を口頭で説明しているようだ。わかるわからないにかかわらず認識させようとする努力をしてくれている。

当たり前だがそれらを１つに混ぜることなどせず、食べ合わせなどを考えながらゆっくりと食べさせてくれていた。

それに比べて私の介助をしている職員は、私が食べ物を飲み込む瞬間だけは見逃さず、口の中が空になった瞬間、次の一口を流し込んでくる。私は飲み込むことに必死で、食事をしているという感覚もなくひたすらにそれを飲み込む。今日の食事は何だったんだろう。この泥のような物体の正体は何なんだろう。

そんなことを考えていると、私の介助をしている職員が向こうの優しい職員に、

「そんなチンタラやってたら、いつまで経っても食事の介助なんか終わらないでしょ？　私１人で何人も食べさせてるのに、まだあなたは１人目？　もっとちゃんと考えて行動して」

と叱り飛ばす。今日の職員配置は最悪だ。これで心の優しい職員が何人も辞めていったのだ。だが私には何もすることができない。

◎午後２時

今日は週に数度の入浴日だ。気が重い。服を強引に脱がされ、何十分も裸のまま待機させられる。私の順番はいつなのだろう。体が芯から冷えていく。

順番が来ると体を洗うためのベッドのような台に寝かされ、まだ冷水の状態のシャワーをかけられる。湯沸かし器が作動すると、温度の確認もしていないような熱いお湯を顔にかけられる。まるで時代劇の拷問でよく見た水責めだ。石鹸やシャンプーなどが目や口に入ろうがお構いなしだ。

浴槽での入浴時間は約3分前後。体が温まるわけがない。こんな感じで強引に行われるため、常に命懸けだ。

湯から上がった後、着替えをさせてもらうまでに20分近くまたベッドの上で放置された。また体が冷えていく。これの何をもって入浴というのだろうか。私は家畜か何かの類なのだろうか。むしろ家畜のほうがもっと良い待遇を受けているのではないだろうか。

◎午後4時

やっと車椅子から解放され、ベッドに移された。束の間の休息だ。複数人との相部屋だが、今は部屋に私1人きり。自分で体を動かすことが困難な私は、天井を見上げることしかできない。一度、ベッドの端に自力で座ろうと体を動かした時は、

「1人で起きようとして転倒したらどうする!!　責任は私たちが取らされるんだぞ!!」

と職員に怒鳴られた。私には自分の行動の自由さえ保障されていない。家畜でさえ自分で歩き回ることまでは禁止されていないだろう。今の私は家畜以下の存在なのだ。

◎午後6時

夕食の時間だ。朝も昼も夕も変わらず、原型を留めていない食べ物がテーブルに並び、それをひたすら飲み込まされる。私にとってこれは食事ではなく、食事が形骸化したものにすぎない。少しでも早く食事の時間が終わることを願っている。

検食として、職員たちにも私たちが食べているものと同じ食事が用意されている。普通のもの、柔らかく食べやすくしたもの、そして私が食べている、ペースト状のもの。職員たちはそれを口にした途端、

「今日のメニューもマズそうだな」

「実際マズイわ」

「こんなドロドロのもの食えないよ」

などと平気で言う。私は毎食そのドロドロの食べ物を無理やり食べさせられているというのに。しかも、今回は口に入れられるスピードがあまりにも早かったため飲み込むことができず、

むせて食べ物を吹き出してしまった。

「キッタネェ、クッソ。ふざけやがって。食べたくないならもう食べなくていいわ」

今日の私の食事は2割程度食べたところで強制的に終了してしまった。私が悪かったのだろうか。私がそれを問いかけることはできない。

◎午後7時
就寝準備を促され、全ての人が半強制的に居室へと誘導されていく。誘導が終わると投げ飛ばされるようにベッドに寝かされ、その後、職員が巡回しておむつの交換を行う。

この時間は職員が一番殺気立っている。職員は1人で10人以上のおむつを替え、排泄物によって衣類が汚れている時は着替えも行う。

一刻も早く業務を終わらせたい一心なのだろうか、職員たちは焦っている。そのため、職員によるベッドの安全装置のかけ忘れや、ベッドや車椅子から移動させる時の不注意によって、転倒などの事故が一番よく起きる時間帯でもある。

私の隣のベッドにいた人は安全装置のかけ忘れによってベッドから転落し、骨折。打ちどころが悪かったのか、そのまま帰らぬ人となった。これは他人事ではない。明日、私がそうなってもおかしくない話だ。

◎午後９時
就寝。というか、寝ていようがいまいが、職員たちには関係はない。強制的に消灯が行われる。時折、施設のどこかから、鈍い音や硬い物が落ちる音が廊下に響いて聞こえてくる。走り回る職員の足音、時には悲鳴や怒気を孕んだ声が聞こえてくる。しかし、私には何が起きたのかを知る由もない。いつのまにか考えることすらしなくなってしまった。

後日、私の体に床ずれができてしまった。床ずれは皮膚が長時間圧迫されることで生じるが、私の場合は車椅子に同じ姿勢で長時間乗せられていたことで、同じ部位にずっと圧力がかかり、細胞が壊死したらしい。皮膚が壊死して腐り、深刻な場合は体に穴が開いて骨まで達する。治療には長い時間を要する上に、とても困難らしい。

職員たちが私から見えない患部を観察しながら、「生きながらに腐っている」と話しているのが聞こえてくる。私はこの先どうなっていくのか。私の命はどうなっていくのか。

今までの人生を真面目に生き、仕事もバリバリこなして、責任と信頼を積み重ねてきたはずだ。成人した子どもたちはそれぞれ家庭を持ち、立派な生活を送っている。しかし、誰も今の私に会いに来てはくれない。

私はあと何年生きるのだろうか。何年こんな暮らしを続ければいいのだろうか。施設での生活には毎日不安しか感じていない。この先、体の状態が良くなるということは、まずないだろう。明日の私は今より動けなくなり、明後日にはもはや考えることさえできなくなっているかもしれない。

私はいつまで自分自身を保っていられるのだろうか。正気を保ったまま、いつまでこの苦痛を味わわなければならないのだろうか。認知症によって自分が自分でなくなれば。自分という存在を忘れてしまったら楽になるのだろうか。

自分という存在が消える。そんなことを考えただけで気が狂いそうになる。この恐怖に終わりはない。抵抗することさえもできない。

私が一体何をしたというのだろう。こんなふうに人生の終わりを願う日々が来ることなど想像していなかった。私の人生の苦労とは、何のためだったのだろうか。

私とは、私の人生とは、一体……。

「○○さん、施設に入って数年ですっかりボケちゃって、最近じゃもう何があっても何の反応もしないで、ずーっとわけわかんない言葉を１人で繰り返してるけど、入った時はこんな人じゃなかったのにね」

「本当にね。毎日何を考えて生きてるのかね。毎日毎日ブツブツ気持ち悪い声で、本当に耳障り。私はこうはなりたくないわ。私だったらこうなる前にさっさと死にたいね」

「アハハ、同感だわ～」

第4章 障がい者施設での苦悩

あの子はもういない

この文章を書いている今、あの女の子はもうこの世にはいない。カナさんは小柄で元気な女の子、華の女子高生だ。テレビに出てくるアイドルが大好きで憧れていた。最近のアイドルを知らない職員を見つけると、

「知らないの？　おかしいね」

と言いながら、丁寧にメンバーの名前を教えてくれた。

カナさんは物心つく前からすでに施設で暮らしていた。彼女と初めて会ってから何年も一緒にいたが、彼女の親に会ったことは一度もなかった。面会に来たことさえなかった。

カナさんは生まれながらに体の重要な部分に疾患を持っており、機能を補うための機械を常時装着して持ち歩いていた。持病が決して治ることはなく、むしろ今まで生きていることが奇跡で、いつどうなってもおかしくない状況だった。

人生の大半を施設の中で過ごしていたカナさんにとって、施設の中が世界のほぼ全てだった

し、外の世界に出たいという言葉をカナさんから聞いたことは一度もなかった。ひどく体調を崩してしまい、施設外の大きな病院で集中治療を受けていた時も「早く施設に帰りたい」と大騒ぎして大変だったらしい。

カナさんは病状が悪化するたび、入退院を繰り返していた。しかし、「次はもうダメかもしれない」という医師の言葉を受けてもなお、何度も何度も命の山場を越えて施設に帰ってくる。そしてカナさんはいつも、元気に「ただいま！」と言うのだ。

が、今回はそうもいかなかった。

大量の吐血により緊急入院。今までとは比べものにならないくらい危険な状態に陥り、大学病院の特別集中治療室に入れられた。めったなことでは面会できない状態だったが、入院してしばらくした後、１人の職員がごく短い時間だけ面会することができたという。その時の様子を動画で撮ってきてくれたということで、皆でそれを見た。

いつも元気で明るかったカナさんの姿はどこにもなく、画面でもはっきりと分かるくらい衰弱していた。間違いなく彼女は死の淵に立たされていた。わかってはいたが、信じられない。信じたくない。私はそんな気持ちを抱いていた。

しかし、今回もカナさんは生きて施設に帰って来た。施設に帰りたいと病院内で暴れてしまい、治療が困難ということだった。そのため、施設で行く末を見守り、命の終わりを見届ける。いわゆる「看取りケア」を取る方針となった。

カナさんはモルヒネの３００倍近い鎮痛作用を持つという医療用麻薬を投与され、痛みが抑えられている。それほどの強い痛みが彼女の小さな体を蝕んでいるのだ。彼女の体内の臓器はほとんど潰れてしまい、機能していない状態だという。その苦痛を健康な私たちが理解することはまずできないだろう。

カナさんが戻って来たという一報を受け、私はカナさんがいる部屋へ向かった。

すると偶然、先にカナさんの母親らしき女性が面会に来ているのが部屋の外から見えた。母親は自分の娘の衰弱しきった姿を受け入れられず、直視できないようだった。

それでもカナさんは、必死に母親へ手を伸ばしていた。私はその様子を見た後、部屋には入らず静かにその場を去った。

カナさんの容体は一時も油断できない状態であり、何が起きてもおかしくはない。日に日に病状は悪化していった。もう先は長くないと悟った私は再びカナさんに会いに行き、そしてカナさんの前に立った。元気だったカナさんから、確かな死の匂いを感じた。

人の命が消えていくのを感じるこの瞬間だけは、本当に慣れることがない。

「カナさん、私だよ」

声をかけるも反応がない。医療麻薬の影響だろうか。そもそも意識を保つことさえ難しいほどの苦痛を受けているのだから当然か。カナさんの目からは生気が感じられず、とても危うい印象だった。もう一度声をかけてみる。

「カナさん。お帰り」

その時、カナさんは私の手を弱々しくもしっかりと掴んだ。

人の手を握ってさする動きをするのは、彼女が不安な時に心を落ち着けるための癖のようなものだった。カナさんはまだしっかり生きている。そしてまだカナさんのままだ。そんなことを感じ、少しだけ心がほっとした。

「病院は嫌だったね。でも施設に帰って来たから、もう大丈夫だよ」

「今日の当番はね、職員の阿部さんだよ。だから大丈夫だね」

静かに頷くカナさん。そのたった1つの動作でさえ、残された命を削りながら行っている。

人の命とはこんなにも脆いものなのか。私はカナさんにこれ以上負担をかけたくなかった。

「また来るからね」

そう一声かけて、その場を離れた。

この「また」が明日に繋がる保証はどこにもないと思いながら。


母親との面会の記録を読んだ。母親は延命を望まず、心停止時の蘇生も拒否した。今後の重要な決定権を持つのは本人ではなく、今まで一度も会いに来なかった母親だ。

このことについて、あなたは一体どう思うだろうか。

「一度も会いに来ることもなく、最期の時だけ母親面をするな」

「なぜ施設に預けた。子どもを捨てた親に人権などない」

私も介護士にならなければ、きっとそう思っていただろう。

実はカナさんの母親もまた、カナさんと同じように、幼少期に保護施設のような環境で生活していたという。さらに、母親は心に病的な問題があって子どもと向き合えず、カナさんと別々に暮らさざるをえない状況だったそうだ。

その事実を知った上で、あなたは何を思うだろうか。それでも許せないという方もたくさんいるだろう。それもまた仕方ないと思う。

しかし私は介護士として、母親を許そうと思っている。

親子が対峙した時、カナさんははっきりと母親に手を伸ばした。そして母親はその姿を直視できなかった。同じ立場になった時に、その姿を受け入れられるという人がどれほどいるだろうか。

子どもを育てるのは簡単なことではないし、さまざまな予想外の出来事も起きる。1人目の子どもを持って初めて育児をする人がほとんどだと思う。1人の人間を初めから完璧に育てられる親などいるのだろうか。子育てにも失敗はあるし、皆が皆、その失敗を必ず克服できるとは限らない。子どもとともに、親もまた成長していくものだ。

失敗すればたちまち非難を浴び、挽回のチャンスさえも剥奪されてしまう。そんな現代における子育てのリスクとプレッシャーは計り知れないと私は感じている。

私が過去に見た利用者で、健康に産まれたものの、親からの激しい虐待によって脳に障がいを負ってしまったという方がいる。目を背けたくなるような現実だ。親として、人として到底許されるものではない。こういったケースを何件も見ている。しかし、人を断罪するのは私たち介護士の仕事ではない。

多くの子どもは、どんな時でも親を求めるのだ。たとえ親が一度大きな失敗をしてしまっても、子どもの許しを得て、真剣に自分の過ちを振り返り、子どもと向き合おうとする努力を諦めなかったらいい。

人によっては行動を起こすまでに何年、何十年もかかるかもしれない。しかし、親が親として子どもと向き合おうと決意する時が来たのなら、恐れずに向き合ってほしいと思う。

「子どもを作ったらその責務を果たせ」

そんな言葉をよく耳にするし、その意図は理解できる。しかし、普通の状態を維持することさえも困難で、一般の普通とはかけ離れた「普通」を生き延びてきた人も、世の中にはたくさんいるのだ。

「親から虐待され続けてきたため、虐待がその人にとっての普通である」というケースも世の中には存在する。たとえ自分にとっては普通でも、感覚のズレを教えてくれる人などどこにもいない。それどころか、何がおかしいのかに気付くこともできないまま周囲から責められ続け、追い詰められた結果、取り返しのつかない事態を迎えてしまう。これは虐待問題では決して少なくないケースの１つである。

また、親となる人たちが、知的障がい者と判断される知能指数をギリギリ上回っている状態、いわゆるグレーゾーンに相当することもある。社会常識というものに振り回されたあげく、社会の中で孤立し、道に迷った末に、自分を守るために虐待を行ってしまっている。そんなケースもまた少なくない。

このような事実に対して第三者が関わることはどこかタブー視され、実態が語られること自体が非常に少ないように感じる。「普通」でいることがいかに難しいことか。

今回の母親も、娘の危篤という現実を迎えたことにより、初めて娘と向き合うきっかけを持ったのではないか。その行動の一歩が今回の面会だったのではないか。本当に娘のことなどどうでもよかったら、きっと死に際でさえ面会に来なかったのではないか。

迷いながらも最期の時に母親として向き合う選択をしたというのなら、私は母親を許そうと思う。カナさんが伸ばした手にも、母親を許そうという気持ちが込められている気がしたから。

子ども殺しを殺せ

テレビのニュースや新聞など、各種メディアで目にする痛ましい事件。その中でも特に目につくのが、親による子どもへの虐待だ。無力な子どもが惨たらしい仕打ちに抵抗もできず、思わず目を覆いたくなる最悪な結末を迎えることも少なくない。

ＳＮＳで児童虐待のニュースに関するさまざまな人の意見を見ると、不幸な結末を迎えた子どもの無念を晴らせとばかりに、多くの人たちが加害者である親に対して、激しい怒りをぶつけている。

「虐待によって大切な命が奪われた」

「なぜ子どもがこんな苦しい目に遭わなければならなかったのか」

「日本の刑罰は軽すぎる」

このようなコメントが多いが、さらに感情的な人になると、

「殺してしまえ」

「子どもと同じ、いや、それ以上の恐怖と痛みを与えろ」

「子どもを殺すなど、もはや人ではない動物のすることだ。そんなやつに人間の法律は適用されない。去勢してしまえ」

こんな過激な意見を述べている人も珍しくない。人は何か理由を持つだけで、どこまでも残酷になれる。

「親たちの起こした事件はもはや畜生以下の鬼畜の所業。制裁を受けて当然だ」

「虐待の報いとして、極刑以外の何がふさわしいというのだ。痛みをわからせろ。殺してしまえ」

「そうだ、殺せ。殺せ‼」

「子ども殺しを殺せ‼」

彼らは親への断罪ばかりを欲している。

しかし、なぜ虐待事件が起きたのか。親はなぜ、自分の子どもを手にかけたのか。まずそれを知らなければならない。私たちは虐待の実態やそこに至るまでの経緯に関して、知らないことがあまりに多すぎる。


私が在籍していたある施設には、緊急性があって突然入所する人がたびたび現れる。これは措置入所と呼ばれるもので、当事者の心身に危険が発生している場合や、虐待を受けている可能性が認められた場合などに、公的機関の判断で保護を目的として施設などに一時的に入所させるケースである。

今回も1人が措置入所するという情報を聞いた私は、看護師に「また措置入所ですか。今度はどんな方ですか？」と尋ねた。

「あぁ、あの死ねなかった子だよ」

看護師は言葉の重みとは対照的に、あっけらかんとした様子で答えた。

ニュースで報道される事件は世に溢れる虐待事件のほんの一握りであり、表面化しないだけで私たちの想像以上に虐待事件は日常的に起きている。一般の方々が虐待と聞いても、ニュースなどでたまに見る遠い世界の出来事に感じるかもしれないが、介護士はテレビに映らない知られざる虐待事件の現実に直面している。

今回の措置入所に関して詳しい話を聞くと、母親が子どもを殺害しようと手にかけたが、殺しきることができなかった。その様子が途中で発見されて通報され、母親が逮捕された。そのため、子どもがこの施設にやって来たのだという。

ここまでがニュースで報道されて世に知られる虐待事件の事実であろう。しかし、この話には知られざる事情があった。


被害者となった子どもは、生まれながらにある障がいを持っていた。そんな子どもを、母親は深く愛していた。できることは何でもしてあげた。

そして、我が子と同じ境遇の子どもたちのためになりたい。その経験を生かして、自分の子どもに少しでも多くのことをしてあげたい。できることの幅を広げたい。そうした思いを持つようになった。

その後、母親は、我が子と同じように障がいを持っている子どもたちを支援する仕事を始めた。子どもたちは、最初は受け入れてくれなかったが、長い時間を一緒に過ごすうちに徐々に心を開き、いろいろな反応を返してくれるようになった。それが何よりも嬉しかった。どんな反応をしているのかわからなかった子どもの変化にも気付けるようになった。

しかし、自分の愛する我が子だけは何も返してくれないのだ。笑うことさえもしてくれない。我が子の障がいはとても重いものだから。

さまざまな思いや葛藤が、消えては生まれを繰り返した。朝起きてから寝るまで。寝ている時でさえも悩んでいたかもしれない。仕事先の子どもたちと接する時間は幸せだが、その幸せを感じた分、「なぜうちの子だけ……」という感情は大きくなっていった。

母親の中で突然、何かが途切れた。そして、その瞬間は突然訪れた。母親は衝動的に我が子を殺害しようとした。その子は無抵抗なまま、生きることだけはやめなかった。結果として、母親の行動はその子に残された大切なものまで奪ってしまった。

子どもは脳死による仮死状態で発見された。その後、母親は逮捕、子どもは施設に移送される形となった。

これがこの虐待事件の真相である。このような虐待事件がメディアで報道されても、その背景や虐待の理由までを知る者は極めて少ない。

障がい児を持つ親の中には、悩みを1人で抱え込んでいる人も多い。

自分の気持ちを正直に打ち明けられるような人が周りにいない。インターネットの匿名の場でも、発言が容易に不特定多数の人まで届いてしまうため、不用意な発言はできない。そのような状況で、この虐待事件を起こした親と同じような苦境に立たされている親たちは、育児の大変さや辛い現実を吐露することができず、どんどん追い詰められていく。

「弱音を吐くことは虐待なんじゃないかって思うんです。私もよくニュースで見るような虐待をする親と同じなんじゃないか。自分に母親の資格なんかないんじゃないか。そう思うと誰にも言えないし、自分が本当に情けなくなる」

実際にそう語る母親と話をしたこともあった。

確かに、身勝手な理由だけで子どもを虐待する親も、残念ながら存在する。しかし、虐待を起こす親が皆そういうわけではない。子育ては命を削って行われるくらい大変なものであり、親たちは毎日全力で、愛情を持って子どもたちに接している。

私が遭遇した件の母親は、常にギリギリのところで耐えながら、ずっと厳しい現実に向き合ってきたのだろう。誰よりも耐えていたし、その上で子どもを深く愛していた。私たちが彼女と同じ立場になった時、虐待事件を起こさない保証はどこにもない。

もし、あなたの子どもが障がいを抱えていたら。これから自分が親の介護をすることになったら。あるいは自分の人生のパートナーが社会的弱者になってしまったら。あの母親と同じように追い詰められた自分の姿を想像してほしい。何かを断罪するというのは、自分が窮地に立たされた時、同じように世間から断罪される世の中を作ることと同じだ。私は介護士としてそう思わざるをえない。

そして、この虐待事件の事実を知った後のあなたに今、問いたい。

子ども殺しを殺せと言えますか？

望んでいた子どもが障がいを持ってしまった。それは自分のせいではなかったのか。産んでしまったのは間違いではなかったのか。子どもを持つことを望まなければ。結婚しなければ。自分という存在がいなければ。他の子どもと自分の子どもを比べてしまうなんて。自分の子どもに、一度でいいから笑ってもらいたい。なぜ他の子どもは笑うのに、この子だけは笑ってくれないのだろう。母親は毎日毎日苦しみ続けた。

そしてある時、間違いを犯してしまった。決して取り返しのつく間違いではない。

しかし、そうした間違いで、母親を子ども殺しとして皆で殺すべきでしょうか？　それで事件は解決するのでしょうか？

やがて母親は施設に来て、子どもと面会するようになった。社会的な償いを経て問題に向き合いながら、「自分の子どもに会いたい」という思いを持てたからこそ、さまざまな人の力を借りて、やっと我が子の前に立てたのだろう。

母親が虐待をしたという事実は消えない。殺人未遂という痛ましい事件になった。それが1つの形として施設という場所を介して収束し、そしてまた新しい生活が始まる。

その先がどうなっていくのかはわからない。それはまだこれから始まるところだから。子どもの命が終わるその瞬間まで、この虐待事件は終わらない。

最大の禁忌

人の持つ尊厳や権利を尊重し、侵害してはいけない。これは今も昔も、介護の基本となる考え方だ。

しかし、現状はどうだろうか。尊厳や権利を守ることは何よりも優先されるべきだと誰もが理解しているはずなのに、介護の日常には至るところに矛盾が存在している。

権利や尊厳など最初からないかのように扱われる利用者たち。仕事環境の悪さからか、時に理不尽な発言や要求をする介護士。施設内で揉み消される介護事故。介護士たちは日常に疑問を感じながらも、自らの行いの後ろめたさからか、守秘義務や個人情報保護法といったいかにもそれっぽい言い訳に甘んじて、実態を外部に語ること自体をタブー視しているように思える。

介護業界のさまざまな問題の中でも、最も語ることを忌避されるもの。それは「性欲」ではないか、と私は考える。

高齢者や障がい者であっても、３大欲求の１つとされる性欲はほとんどの人間に存在している。常識をわきまえた人間としてもともと一般社会の中で生活してきたはずの高齢者に対して、人前で自分の性欲をさらけ出すことを注意するのは正しいだろう。注意された側も理解できるはずだ。

しかし、障がい者の場合はどうだろう。一般社会とは完全に別の世界で生きてきたため、一般社会で必然的に学んでいけるはずの社会常識やルールを知らないという人も、一定数存在している。そのような人たちに私たちの常識を説明したとしても、理解するだけの力を持たない彼らには、話が通じない。これが現実だ。

重度障がい者が暮らす施設の中に、四六時中、陰部に手を伸ばす利用者がいた。自力でベッドから起き上がることができないほど体は不自由だが、放っておくと自慰行為を始める。その方との意思疎通は不可能で、言葉を理解する能力はない。少し目を離した隙に、おむつに手を突っ込んで陰部を刺激する。そのせいでおむつがズレてしまい、失禁した際に体もベッドも濡れてしまう。それを防ぐために、脇の間に大きなクッションを入れられる。これによって腕の動きが制限され、陰部には手が届かない。

体の動きを抑制することは身体拘束と呼ばれ、体を縄で縛りつけるのと同じ扱いになるため、施設内では厳しく禁じられているはずだ。この行為もまた、身体拘束にあたるのでないか。誰もそんな疑問は持たず、指摘することもない。

また、違う利用者で、実年齢に対して精神の発達が著しく遅れているが、体は歳相応に正常に発達しているという方がいた。その方が自室内での自慰行為や異性への接触などをしていることがわかり、施設内で問題となった。その時に論点となったのは、「その方に性教育を行うか否か」であった。

性教育を行っても、その方は内容を理解する力を持ち合わせていない。もし、一度教えた後で職員から隠れて実行してしまったら、その本能的快感から行動を抑えられなくなるのではないか。他の利用者に対して性的接触をしてしまったら取り返しのつかないことになるのではないか。こんな否定的な意見があった。

一方で、人として成長していく上で欠かせない知識であるからこそ、正しい知識を理解させる必要があるのではないか。教えなかったがゆえに取り返しのつかない事態に繋がることもあるのではないか。このような意見もあった。

連日議論が交わされていたが、そんな熱い議論の甲斐もなく、気が付けば誰もその話題に触れようとしなくなった。結論の出ない議論にエネルギーを使い続けたくないのだろう。結局、誰一人として、その問題に解決の糸口を見いだせなかったのだった。

過去にいた職員の中に、男性利用者に対して男性向けの映像を上映する時間を設けたらいいのではないか？　と発案する者が現れた。理解できる人たちには知る権利があり、求める権利がある、ということだった。

施設内で協議した結果、不特定多数の人に対してわいせつな映像を公開することは、わいせつ物頒布等の罪に当たる可能性があるということで、認可されることはなかった。個人的には、施設側が上手い理由をつけて面倒を回避した、といった印象だった。

人として生まれながらも私たちとは違う世界を生きている、障がいを持った方たち。彼らが本能として持っている性的衝動を管理しきれず、事件にまで発展してしまった例も数多く存在するだろう。

私も過去に、障がいを持つ人が加害者となった性犯罪事件について、さまざまな話を聞く機会があったのだが、未遂に終わったある事件について、こんな話を聞いたことがある。

障がい者である加害者は逮捕も起訴もされなかった。それに対して被害者側には「法的な措置を起こしても望む対応ができるとは見込めない」などと歯切れの悪い説明が繰り返されていた。何もなかったことにしたほうがいいという雰囲気を出されてうやむやにされ、結局そのまま流されてしまったのだ。


また、障がい者は時に被害者にもなりうる。

これも私が人から聞いた話だが、ある障がい者施設に、比較的容姿の綺麗な女性が入所していたそうだ。ある日、職員がその方の異変に気付いた。検査の結果、その方が妊娠していたことが判明したという。子どもの父親は現在もわかっていない。

その方は1人だけで施設から出ることはなく、施設内でも、重い障がいのある利用者たちが性行為を行うことは不可能だ。そうなると、利用者が妊娠をする可能性として考えられる場面、妊娠させられるような人は必然的に絞られていく。

施設内で性にまつわる疑惑をちらほら耳にするが、それらの疑惑が確かな事実になることはなぜか稀である。疑惑が疑惑のままであるということは、証拠や事実がはっきりと確認できず、罪として立証できないのだろうか。あるいは露見することで生じる問題の大きさを懸念して、本来行うべき対処や事実確認を行おうとしないのか。寝た子を起こすなと言って、実態を掴もうとしていないのか。

性にまつわる問題はタブーとされることが多いが、本来であればさまざまな角度から検討して議論されるべき問題であるはずだ。介護の世界には、私の知らないところにも性の問題が確実に存在している。

気持ちに寄り添うは介護のキホン

メディアで介護士の実体験が取り上げられる時、介護士はたいてい「大変な仕事だけれど、利用者とともに過ごす中で介護にしかない喜びや強いやり甲斐を感じる」と、ポジティブな言葉を口にしているように感じる。

人と人の触れ合いがある。思わずクスッと笑ってしまう利用者の言動に心が和む。優しさが溢れる尊い仕事。そんな表現で、介護の世界を明るく見せようとする。

しかしその中では、老いや病気、そして死が付きまとう介護の現実的な側面は見せられていない。この逃れようのない現実から、人々はいつまで目を逸らし続けるのだろう。人々がきちんと現実と向き合い、介護の当事者たちの苦しみが本当の意味で見直されるのはいつになるのだろうか。メディアが人々に植えつけようとする介護のイメージと、殺伐とした現実に果てしないギャップを感じ、私はディストピアのような世界を連想してしまう。

自然の摂理として人生の終着点へ向かう利用者たちに、介護士は、「大丈夫、まだ頑張れる。人が衰えるのは自然なこと。私たちがついてるから」と毎日声をかけ、いつか来る終わりに向かって一緒に日々を歩む。

死期が近付く利用者の姿を受け入れられない家族には、「現実に向き合うことは大変かもしれませんが、これは自然なことなんです。今までさまざまな方が、あなたたちと同じように悩んでいらっしゃいました。向き合えないこと、不安に感じることが普通なんです」と未来への不安があることを肯定し、心の負担を減らす。

利用者が人間らしく生き、自分らしく人生を全うするため。家族の不安を少しでも和らげるため。介護士は相手の気持ちに寄り添い、大いに激励する。

しかし、それは所詮、理想にすぎない。最終的に待っているのは死という現実と悲しみ。それは決して変わらない。

もう10年以上前になるが、当時私が所属していた施設は、要介護度の高い方たちが入所する施設だった。私が配属されたフロアでは、ほとんどの方が自力での行動ができず、わかりやすく言えば植物状態だった。

私が以前に所属していた施設は、汚物が撒き散らされていることも少なくないような環境だったため、利用者が動かないだけでこんなに綺麗な施設になるのかと驚いた。こちらの施設の様子はまるで無菌室で、大半の利用者が眠り続けているフロアは、まるで有機物の存在しない世界に迷い込んでしまったかのような錯覚を起こさせた。

基本的に人の往来が少ない施設だったため、たとえ日中でも、廊下の曲がり角から動く人が現れただけで驚いてしまう。その時廊下から現れた人からは全く生気が感じられず、私はてっきり利用者のひとりが意識を取り戻して徘徊していたのかと思い、声を上げて飛び上がる寸前だった。その人の正体は、施設に入所する木部さんの旦那さんだった。


木部さんの年齢は比較的若く、30～40歳前後だった。その若さで脳死、植物状態となり、もう何年もそのままらしい。旦那さんは常に死んだ目をしていた。眠り続ける利用者たちよりも人間味が感じられず、初めて旦那さんを見た時は、まるで人形が歩いているようだとさえ思った。それは今でもはっきりと覚えている。

そんな旦那さんに声をかける職員などいなかった。しかし私は、旦那さんに暗い印象を持っていることへの罪悪感からか、旦那さんが来ると率先して挨拶をしていた。が、向こうから返事が来たことは一度もなく、「ひょっとして私のことが見えていないのか？」とも思った。
いくら挨拶をしても、旦那さんは私の顔さえ見ず、ただまっすぐ木部さんの部屋へと向かう。そして時間が経つと、物音も立てずに静かに部屋から出て、帰っていく。そんな一連の流れに、フロアに配属されてすぐの私は違和感を覚えていたが、日に日に何とも思わなくなっていった。

その日も旦那さんはいつものように決まったルートで木部さんの面会に現れ、また静かに物音も立てずに帰っていく。そんないつも通りの日になるはずだった。

しかし、いつもは静かであるはずの施設内に、何やら慌ただしい気配が漂っている。こういう時はたいてい誰かが重篤な体調不良を起こしていたり、命の危険にさらされていたりする。しかし、そうした緊急事態には、職員の所持する通信端末に連絡が来るはずだ。今は反応がない。私は疑問を感じつつも、何事もなくその日の業務を終えた。しかしその日、私の知らないところで大きな事件が起きていたのだ。

数日後、施設内で緊急ミーティングが開かれた。

「面会にいらっしゃった旦那様が、木部様に馬乗りになり、木部様の頸部《けいぶ》（首）を手で絞めていたところを巡回中の職員が発見。その場で取り押さえ、落ち着いていただき、その日は一度お帰りいただきました。木部様を担当している行政側の方と相談した結果、一度面会を中断し、時機を見て再開する予定です。今後は巡回などを特に気を付けて行うようにお願い致します」

あの日の騒がしさの正体はこれだったのだ。きっと施設側は、大ごとにしてはいけないと判断して対処したのだろう。その後も恐らく、何かしらの事情を考慮した上で、あくまで施設内の出来事として処理されるのだろう。

そして私は後日、施設側がそのような対応を取った理由について、施設内の職員から聞かされることとなる。

旦那さんが起こした事件の後、世間では世論を賑わせるほどの大きな事件が起きていた。複数人が不可解な死を迎えたという悲惨な事件だ。休憩室でテレビの報道を見ていた職員たちは「怖いわねぇ～、やだねぇ～」と、口々にお茶の間コメンテーターもどきをしていた。

そのうちの1人が「でもね～。この人は木部さんみたいにならなかったから、まだ、ねぇ……」と、口を滑らせた。場の空気がビリッと凍りつくのを感じた。

するとある職員が静かに私のほうを向き、重い口を開いてこう言った。

「あなたも働いて結構経つけど、まだ知らないわよね。実は木部さんがああなったのって、自殺が原因なの。理由までは私たちも知らないけど、旦那さんと結婚したあと、自殺に失敗しちゃってね。それであの状態になっちゃったらしいのよ……」

その時、私は旦那さんの過去の行動を振り返って、1つ1つの点がものすごい速さで線になっていくのを感じた。旦那さんが苦悶の表情で木部さんの左手の薬指に指輪をはめている姿が、部屋の前を通る時に何度か見えたのをふと思い出した。

最初に抱いていた違和感は、次第に私の中で日常の一部となって消えていった。しかし理由を知った途端、急に思い出して合点がいった。

面会に来る旦那さんは、木部さんのいるフロアへと上がるエレベーターの中で、いつも何を思っていたのか。降りた瞬間から、木部さんという逃れようのない現実へ続く数メートルの廊下をどんな気持ちのまま踏み出していたのだろうか。

木部さんは何を思って自殺しようとしたのか。その答えを一番知りたい人こそ旦那さんであり、答えを唯一知っている人は目の前でぴくりとも動かず眠っている。

あなたはこの本を閉じてこの話を忘れてしまえば、この現実から逃げることができる。しかし、木部さんも旦那さんも、そして介護士である私も、この現実に関わってしまった以上、逃げることはできない。逃げたくても忘れることができないのだ。

半年ほど経った後､旦那さんはまた静かに現れた。私は旦那さんに挨拶することができなかった。旦那さんは半年前と同じようにいつもの動きで、木部さんの部屋へと向かっていった。

介護士とは、利用者や家族の気持ちに寄り添い、心の負担を減らすために家族と苦しみを分かち合い、最期を迎える準備の手助けをする存在だ。しかし、旦那さんと木部さんを救えるのは誰なのだろう。２人が求める終わりとは何なのだろう。本当に、介護士が利用者や家族の負担を減らすことなどできるのだろうか。未だにその時なんと言えば良かったのか、私にはわからない。

それでも、私は気持ちに寄り添う努力をしなければならない。それが介護の「キホン」なのだから。

男の約束

施設で出会った彼の名前はタケル。タケルはイタズラの達人だった。

彼が成し遂げた偉業は語り尽くせないほどたくさんある。施設の出入口は利用者が勝手に外出しないように施錠されているが、職員が解錠するのを見てやり方を覚え、隙を見て施設から脱走しては職員を驚かせる。職員に持ち上げられて移動する時には、不意をついて腕を舐め回す。職員に見張られているにもかかわらず、一瞬の隙を狙って非常ベルを押し、消防車を呼ぶ騒ぎを起こす。

そんなタケルだが、体には重い障がいがあり、体の関節があちこちに曲がって固まってしまっていた。移動する時は車椅子に乗るが、自力で漕ぐことができないため、職員が押して移動する。車椅子に乗せられる時は悪さができないように動きを封じられていた。

ご家族は存命だが、家庭の事情でタケルの面倒を見切れず、タケルは小さい頃からずっと施設で暮らしてきたらしい。職員たちはタケルを「タケちゃん」と呼んでかわいがっていた。
タケルと私が初めて会った時、彼はすでに成人を目前とする歳だった。彼には精神発達の遅れがあったものの、比較的軽度なものであり、彼自身もそれを自覚していた。施設の職員たちは彼が小さい頃からずっと世話をしてきたためか、成人を目前にしていてもなお、変わらず彼を「タケちゃん」と呼ぶのだった。

ある日、タケルに人生の大きな転機がやってきた。ご家族がタケルの成長と向き合い始め、一緒に暮らしていきたいと行政と施設に申し出たのだ。重度の障がいを持った子どもが施設から家に帰るというのはとても稀なケースであり、タケル自身もその話を聞いて「家に帰りたい。そのために頑張りたい」と返答した。

その日を境にタケルの生活は変わった。さまざまな身体機能訓練、より高度な学校の授業、施設で用意される特別な食事ではなく、普通の家庭の食事を食べる練習。今までのものよりレベルの高い課題をこなさなければならなかった。
心身ともに負担がかかったのか、タケルは反発するようにイタズラを繰り返した。無理もないことだ。

しかし、職員はタケルに「タケちゃん!!　そんなイタズラするようで家に帰れるの？　どうなの？　わかるでしょ？　言ってごらん!!」と迫る。タケルは静かに「帰れない」とつぶやく。すると職員は「わかるのにそんなことしてどうするの!!」と正論で追い詰めるのだ。

私にはその様子が、家に帰りたいというタケルの思いにつけ込んだ恫喝《どうかつ》にしか見えなかった。私はそのやりとりが大嫌いだった。

それに、彼のことをいつまでも「タケちゃん」と呼んでいるのも気に食わなかった。彼はもう「タケルさん」と呼ばれるべき年齢なのだ。職員は言葉では彼に自立を求めていたが、彼を1人の人間として見てはいない。私はそんな印象を受けた。

そんな日々が数年続き、努力の甲斐もあってタケルはご家族と暮らすことが正式に決まった。重い障がいを持った人が施設から家に帰るのは簡単なことではない。それはタケルが誰よりも努力を積み重ねてきて、タケル自身が勝ち取った結果だった。周りの職員たちも「やったねタケちゃん!!」「頑張ったねタケちゃん!!」と口々に彼を褒めそやしていた。

退所の日が近付いたある日、私と別の職員がタケルをお風呂に入れていた時、イタズラの天オタケルは隙を見て職員にシャンプーを浴びせた。職員は慌てて着替えを取りに行ったため、私はタケルと2人きりになった。

こうしてタケルと2人きりになる時などめったになかった。いい機会だと思い、私はタケルに静かに話しかけた。

「タケちゃん。うちに帰れるんだって？　聞いたよ。やったね。職員さんたち、毎日タケちゃんに厳しいこと言うけど、皆タケちゃんのこと大好きだし、家に帰れるまでタケちゃんが努力してたの、皆ちゃんと知ってるんだよ」

タケルは何も言わずに、私の話を聞いていた。

「タケちゃんも頑張ったけどね、お母さんも何もしてなかったわけじゃないんだよ？　タケちゃんと暮らすためにいろいろ準備したり、家でタケちゃんが食べられるご飯の作り方を調べたり、同じくらい頑張ってたんだよ。皆タケちゃんのためにたくさん動いてたんだ。けどね、一番頑張ったのはタケちゃん。あなただよ。今まで大変でできなかったことが何個もできるようになった。たくさん我慢もしてきたね。イタズラだって、今みたいにたまにしたりもするけど、私だってタケちゃんと同じくらいの歳の時は、イタズラをたくさんしたよ。それはね、普通のことだ。でもタケちゃんは最近それも我慢してるね」

「うん」

そう一言だけ、タケルは返事をした。タケルは顔にも障がいがあるため表情は変わらないが、真剣な眼差しを向けていた。

「私もイタズラしてきたし、私がしてきたのにタケちゃんにしてはいけないとは言えないからね。でも、それもほどほどにね。

家に帰ったらね、家族で暮らすんだよ。お母さんを困らせるようなイタズラをしちゃいけないよ。男は女を困らせちゃいけない。男は女を守らなきゃダメだ。

タケちゃんはたくさん努力して、同い年の人よりも大変なことをたくさんしてきて、今それが結果になってるんだよ。だからね、私はもうタケちゃんをタケちゃんとは呼ばないことにするよ。もう1人の男同士だ。タケちゃんじゃなくて、タケルさんだ。タケルさんは家に帰ったら、今度はあなたが家族を、特にお母さんを守るんだぞ。良いかい？　約束できるかい？」

タケルの表情は変わらない。しかし、その時タケルの目から、少しだけ涙が流れたのを、私は確かに見た。彼がどう思っていたのかはわからないが、その涙の理由を聞くのは野暮な話だ。私とタケル、男と男の約束の時だから。

しばらくして、タケルは無事にご家族のもとへと帰っていった。あの日以降、私はタケルをタケちゃんと呼ぶことはしなかった。周りの職員たちがタケちゃんと呼ぼうが、私は決してちゃん付けでは呼ばない。

そんなタケルさんが、数年後にご家族の事情でショートステイとして一時的に施設へ来たことがあった。タケルの体は一回り大きくなり、立派になっていた。タケルは私を見るやいなや「こんにちは。お久しぶりです」なんて大層な挨拶まで繰り出してきたので本当に驚いた。


私がタケルを部屋に連れていく時、タケルは私の名前を呼び、

「宇多川さん。男同士の約束、僕、ちゃんと覚えてるよ」

と、ポツリとつぶやいた。


数年経っても、あの時、風呂場で交わした約束を覚えていてくれたのだ。言葉にはしなくても、あの時の涙の理由を私に伝えてくれていたのだ。今度は私がタケルに泣かされそうになってしまった。しかし、私たちは男の約束をした仲だ。そんな姿は見せられない。

「お母さん、ちゃんと守ってあげてるか?」

「うん」

「イタズラしてないか?」

「……ちょっとしちゃうかも」

「元気でよろしい!!」

彼は他の職員の前では絶対にこの話をしなかった。私と２人きりになった時にだけ、いつもこの話をしてくれる。

第5章　施設で迎える最期

介護現場の死

介護サービスの利用者は高齢者が多いため、私たち介護士は日々の業務の中でさまざまな人の「死」に直面することになる。死はもはや、私たちの日常の一部として当たり前に存在している。正直、人が死ぬという感覚が麻痺してしまっているなと感じる時もあるくらいだ。

介護現場における死は、決してあなたと無縁のものではない。しかし、介護の世界に存在する死の現実は、現場で働いている人間だけしか知らないのではないか。

まず、介護の現場で日常的に見られる、ある病気についてお話ししようと思う。

一般に「3大疾病」と呼ばれる病気は、がん（悪性新生物）、心疾患（急性心筋梗塞）、脳卒中の3つである。この3つが日本人の死因の約半数を占めている。それほどありふれた病気なのは確かだ。

その3大疾病には含まれないが、毎年日本人の死因ランキングの上位に入る病気がある。それが「肺炎」、特に「誤嚥《ごえん》性肺炎」である。私も介護の仕事に就くまでは病名さえ聞いたことがなかったのだが、介護の世界では利用者に体調不良や高熱が見られた際に原因としてまず疑うくらい、とてもありふれた病気と言える。

さて、誤嚥性肺炎とはどのようなものなのか。

誤嚥とは、食べ物や飲み物、唾液や痰を飲み込んだ時に、誤って気管に入ってしまうことである。その場合、健康な人であれば違和感を覚えてむせる。これは肺に異物が入るのを防ぐため、気管から異物を排出しようとする防御反応である。

しかし、高齢者はそもそも飲み込む力が弱まっているため、気管に異物が入り込みやすくなる。その際にむせて気管から異物を出そうとするのだが、加齢による機能低下からうまく排出しきれなくなる。すると肺の中に異物とともに細菌が入って繁殖し、人によっては高熱や激しい咳を引き起こす。

高齢者は体力や免疫力が衰えているため、より症状が重くなりやすい。しかし自力ではどうすることもできず、ご飯も満足に食べられない状態で、熱で体力を奪われながら静かにじっと耐えるしかないのだ。

痰などを自分で吐けない場合は、それを吸い出すために、鼻から管を入れられる。吸引によって楽にはなるが、鼻から管を入れられるので苦しいことに変わりはない。1日に何度も何度もそれを繰り返すのだが、患者である利用者はそのたびに苦悶の表情をするのだ。自分が無抵抗のまま鼻に管を入れられるのを想像してもらえれば、その辛さがわかるだろう。

抗生物質によって症状が改善しても、飲み込む力が回復するわけではない。つまり、誤嚥性肺炎になりやすい状態は変わらない。そうして誤嚥性肺炎の再発を繰り返すうちに、体にじわじわと負担がかかり、弱っていく。それはまるで果てしなく続く拷問のような責め苦だ。

誤嚥性肺炎の原因の1つとして、介護士による食事介助が関わってくる。個人差もあるのだが、私が見てきた感じでは、食事介助にかける時間は1人につき約5～10分。15分かけたら長いなと感じるし、周りからの「お前はまだ食事介助が終わらないのか？」という無言のプレッシャーに焦ることとなるだろう。20分かかることは本当に稀だ。

ここまで早く済ませてしまう理由としては単純に、食事介助を必要とする方の数に対して、職員の数が少ないから。しかも職員の中には、何分で終わらせられるかと競うように食事介助をする者がいる。彼らは早い時だと5分もかからずに、主食、主菜、副菜、汁物、飲み物、全てを文字通り「流し込む」。高齢者、それも食事の介助が必要な利用者の口の中に、だ。

こんな現状で、誤嚥性肺炎の原因が加齢による身体機能の低下だけなのかと言われると、介護士としては正直、それ以外にも根深い問題が残っているのではないかと思わざるをえない。しかし、これが日本の高齢者の死因ワースト上位に位置し続ける誤嚥性肺炎の実態である。

また、介護士が１人で５～６人分の食事介助を行うことも決して珍しくはない。１人で複数人に効率良く食べさせることを考えながら行動していると、時に危険を見落としてしまうこともある。

利用者が自分で移動して勝手に物を食べ、職員の見ていないところで食べ物を喉に詰まらせ窒息死する。そんなケースが実際に何件も起きている。私も一度、利用者が窒息した際に救助したことがあった。運良く助かったが、その方は味噌汁の小さなワカメで危うく窒息死するところだった。違う施設では、利用者が肉団子を食べて窒息し、そのまま帰らぬ人となったという話を聞いたこともある。

人は窒息した時、もがき苦しんで暴れることはせず、物音一つ立てず静かに窒息し、顔が土気色になってそのまま息絶える。

　ドーナツを食べた利用者が窒息死したとして、ドーナツを与えた介助者が有罪判決を受けた裁判があったが、２０２０年に行われた第二審では逆転無罪となったという。食事に関するトラブルや死亡事故は介護において日常的に起こりうるが、利用者だけでなく、介助者にとっても大きなリスクを伴う問題の１つなのだ。


　食事だけでなく、移動１つとっても、利用者には死の危険が付きまとっている。

　職員が車椅子に乗った利用者を別の職員に受け渡す際、たった数メートルの距離を歩くのが面倒だからと、助走をつけて車椅子を押し、途中で手を離して慣性で走らせた。その時、勢いが強すぎたせいで車椅子が横転し、そのまま一緒に倒れた利用者は耳からドス黒い血を流して重体になってしまった。

　また、体の大きな利用者を持ち上げる補助具を使っている際に、面倒くさい、時間がないと言って正しい使い方をせず、利用者ごと床に転んでしまった。さらに職員たちがその事実を隠してしまい、本来するべきはずの精密検査をしなかった結果、数日後、頭部打撲によるくも膜下出血で命を引き取ってしまった。

こんな事件が実際に起きているのだ。

まだ介護を必要としない私たちがいつか高齢者となり、その人生を締めくくる時、私たちはどのような終わりを迎えるのだろう。人生を全うするそのほんの少し前に訪れると誰もが信じて疑わない、穏やかな老後というものは存在するのだろうか。

私がこれまで見てきたのは、さまざまな利用者の最期のごく一部だ。あちこちの介護施設で、これよりも恐ろしい事件・事故が起きている。その現実を知ってほしい。

柴崎のばーちゃんが死んだ

初めて介護士として勤めることになった施設に、柴崎のばーちゃんはいた。ばーちゃんは小柄で、紫色の服をよく着ていた。体の呼吸器系が弱いらしく、呼吸を補助するチューブを鼻につけ、酸素ボンベを引きながら歩いていた。


高齢者施設では15時におやつが出るところが多い。

「今日のおやつは芋ようかんですよ。甘いのはお好きですか?」

「まぁまぁね。あなたは好きなの?」

「私は甘党ですし、芋ようかんは特に好きですね。仕事帰りに買って帰ろうかなって今思ってます」

「あらそうなの。アンタ、これ持っていきなさい」

芋ようかんが大好きだという話をしたのをきっかけに、ばーちゃんは私にこっそり自分のおやつの芋ようかんを渡してくるようになった。

今思えば私を懐柔する意図もあったのだろうが、私も話のきっかけになると思い、ばーちゃんから芋ようかんをこっそりもらっていた。それが私たちだけの共通の秘密となった。

柴崎のばーちゃんとはたくさんの話をした。

ばーちゃんが若い頃、戦後間もない横浜で商店を経営していた時のことだ。店を閉めて、夜中に寝る準備をしていたら、急に家の戸をドンドンと叩く音がした。驚いて戸を開けると、頭から爪先まで全身泥だらけの男女2人が立っていた。しかもよく見ると、男はどうやら米兵のようだ。隣にいる女は日本人だった。

女に事情を聞くと、どうやら彼女は立ちんぼをしていたらしい。米兵を客に取ったのはいいが、米兵の車の運転がとても乱暴だったので、カーブを曲がりきれなくなってそのまま田んぼに突っ込んだらしい。その結果、全身泥まみれになり、たまたま近くにあったばーちゃんの家に助けを求めてやって来たそうだ。

ばーちゃんは仕方ないからと2人を家に入れ、風呂を貸してやったが、帰った後は家の中が泥だらけになった。あの時、2人から掃除代を取らなかったのを本当に後悔している。

こんなことを言っていた。私はその話が大好きで、聞くたびに大笑いしていた。それでばーちゃんは気を良くしたのか、私の顔を見るたびにその話をしてくれるようになった。

いろいろな話をするうちに、柴崎のばーちゃんは自分の家の話をしてくれるようになった。家には自慢の息子夫婦が住んでいるらしく、

「私の長男はね、私と一緒に暮らすためにわざわざ大きい家を建ててくれたんだよ。そこに私も一緒に暮らしていたんだ。とても親孝行の息子だよ」

といつも嬉しそうに話をしてくれるのが印象的だった。聞けば、元々は一緒に住んでいたのだが、呼吸器系の病気を患って入院し、退院後にリハビリの一環として施設に入所していて、良くなれば家に帰るとのことだった。

「あんたと別れるのは寂しいけど、私は早く家に帰りたいね。やっぱり自分の家で、自分の家族と暮らしたい。私はきっともう長くはない。最後のわがままだけど、できれば家族に看取られたいね」

ばーちゃんの話はいつもそうやって終わり、その後は酸素ボンベを引きながら自分の部屋へと帰って行くのだった。それが私たちのお決まりとなっていた。

しかし、その瞬間は突然やってきた。

私が勤務を終えて事務所に戻ると、事務所の隣にある救急看護室に柴崎のばーちゃんがいた。なんでばーちゃんがそこに？　私は混乱した。近くにいた職員に事情を尋ねると、職員はごく当たり前のように「なんだか容体が急変したみたいで、ちょっとまずいかもね。この人はもともと体の状態も良くなかったしね」と言った。

こういう光景はすでに何回か見たものだったし、ここから何人かを送り出したこともある。亡くなった方の遺体を持ち上げて台車に移したこともある。私はそこで何か特別なものを感じることもなく「まぁ、介護だからこんなもんか」と思ってきた。

しかし今回は違う。この人は知らない人じゃない。芋ようかんを私にこっそりくれて、いつも上品な紫色の服を着て、昔横浜で商店をしていて、米兵と立ちんぼに風呂を貸したら家の中を泥だらけにされた、柴崎のばーちゃんなんだ。

ばーちゃんは今、目を閉じてぴくりとも動かず、ただ横たわっている。なんで周りの人たちは何も感じないんだ？　いや、私もそのうちの１人だったんだ。柴崎のばーちゃんだから、私は今焦っているんだ。

先週室内で転倒して頭から大量の血を流した加藤さんの時も、里芋を喉に詰まらせて顔が土気色になった斎藤さんの時も、私は特に何も感じることなく淡々と業務をこなした。今、感情1つ表さずに淡々と業務をこなしている周りの人たちは、過去の私自身なんだ。

自分がどんな介護士だったのか。介護士とは何なのか。自分が無意識のうちに心のどこかで利用者を人ではない何かだと認識していたことに気付いた瞬間であった。

私は今まで何をやっていたのだろう。とにかく柴崎のばーちゃんだけは。ばーちゃんはこんなところで死んではいけない。ばーちゃんは家に帰るのを楽しみにしていた。ここで死なせてはいけない。

「ばーちゃん!!　俺だよ!!　聞こえる!?　ばーちゃんの死ぬ場所はここじゃないよ!!　いつも言ってたでしょ!!　家に帰らないでこんなところで死んだら許さないからね!!」

その時、意識がないと思われたばーちゃんが目を静かに見開き、私に悲しそうな眼差しを向けた。それ以上の反応はなかった。

私にできることはきっとこれだけだ。これ以上いても邪魔になるだけだ。自分の無力さを感じながら私はばーちゃんから離れて帰路に就いた。

そして次の日はいつもよりも早く出勤した。柴崎のばーちゃんが心配だった。おかしい。ばーちゃんがいない。なんでここにいるはずのばーちゃんがいないんだ。事情を聞くと、ばーちゃんは私が帰った後、夜に施設で亡くなったらしい。

人の死は仕方のないことだ。死は間違いなくいつか必ず訪れる。それはわかっていたけれど、ただ悲しかった。利用者が亡くなっても、悲しいと思ったことは今まで一度もなかった。しかし、それは自分が利用者のことを知らないからで、毎回どこかの誰かはこうして悲しい思いをしていたのだ。そう思った。

後日、柴崎のばーちゃんの遺品がご家族のもとに返却されることとなり、私もその片付けを手伝った。荷物をまとめ、ばーちゃんがいつも着ていた紫色の上品な服を段ボールに詰めていた時、責任者のPHSが鳴った。

「ハイ、ハイ。え？　要らない？　でも……。ハイ。ハイハイ。わかりました」

責任者は作業を止めるよう私たちにジェスチャーした。

「これ、全部、ご家族が要らないから施設で処分してくれって。詰めたもの、全部こっちで処分するよ」

ふと、ばーちゃんの言葉が頭に響いた。

「私はね、家に帰りたいの。息子たちがね、家で待ってるのよ。私は家で皆に看取られて、静かに死にたい。それが私の人生の最後の夢」

柴崎のばーちゃんの思いを知ってしまった私は、どうしてもばーちゃんの最後の眼差しや、私に語ってくれた最後の望みを忘れることができなかった。

人は知らないからこそ残酷になれる。残酷になれるからこそ成り立つのが介護の仕事ではないのか、とその時思った。人のことを深く知ってしまったら、その瞬間からきっと介護は仕事ではなくなってしまうのだろう。しかし、それでも――。きっと何人もの介護士がこの矛盾と戦ってきたのだろう。


ばーちゃんがいつも着ていた綺麗な紫色の服は、段ボールに詰められてどこかへ運ばれていった。「最後は家に帰りたい」と願うばーちゃんの気持ちはご家族のもとに届くことなく、段ボールと一緒にこの世ではないどこかへ行ってしまうように見えた。

運ばれていく段ボールを見ながら、私はばーちゃんに「ごめんね」と心の中でつぶやいた。

選択

介護や医療の現場は常に、死という人間の究極の問題と隣り合わせである。

介護や医療の仕事にでも就いていない限り、人が死ぬ瞬間に直面したことがあるという人はあまりいないだろう。大半の人は死を嫌い、遠ざける。死について考えても、たいていの人はどこか現実味のないものとしか捉えられないのではないかと思う。

人の死を幾度となく見ている介護士でも、死を日々意識して仕事に取り組んでいるという者は少ないと感じる。それくらい死というものは日常から遠くかけ離れていて、私たちが本能的に遠ざけているものなのではないか。しかし、私たちが生きている限り、必ず死の瞬間はやってくる。

時に死についての選択を唐突に迫られ、短い時間で答えを求められるのは、死を迎えようとしている人の家族だ。その瞬間、家族は何を選択するのだろうか。

「お願いします！　なんとしても助けてください！」

人生の大半を一緒に歩んできた最愛の家族。まさにその命が尽きようとしている時、人はどんな選択をするのだろうか。


今回の話の主人公である我孫子《あびこ》さんは、若い頃に起こした事業が成功し、企業は大きく成長した。その利益も相当なものらしく、裕福な生活をしていたのだろうなというのが、我孫子さんの外見だけではなく、付き添いされていたご家族たちの立ち居振る舞いや言葉遣いを見聞きしただけでも想像できる。しかし、どんなに社会的に成功しようが、巨万の富を手に入れようが、無情にも人には等しく終わりの時が来てしまう。

我孫子さんは今、生死の境をさまよっている。意識のない本人にはもう、何かを選択する力は残されていない。代わりに選択する権利を持つのは、他でもないご家族だった。

「お父さん‼　しっかりして‼　お父さん‼」

奥さんは悲痛な声を上げ、必死に我孫子さんを呼び続ける。我孫子さんは社会的な成功を収めただけでなく、ご家族にも尊敬される父親として立派に役目を果たしてきたのだろう。とにかく助けたい、この世にとどめたい、それだけでいい。そんな感情がこもったご家族の言葉を聞きながら、職員はその瞬間をただ見守るだけだった。

悲痛な訴えにも医師は冷静な態度を決して崩さず、静かにご家族に問いかけた。

「選択肢は2つあります。我孫子さんはこのままの状態にしておけば、間違いなく数時間でお亡くなりになるでしょう。延命処置を行うことは可能です。しかし、最悪植物状態に、そこまで行かなかったとしてもそれに近い状態になる可能性が高いでしょう。以前のような回復はまず見込めませんし、その後の治療もできません。生命を維持するには金銭的にも時間的にも果てしない負担がかかることになります。どうしますか。このままにされますか、それとも延命されますか」

その問いに対して我孫子さんの奥さんはこう答えた。

「私たちは今まで夫にたくさんのことをしてもらってきました。夫は私たち家族のために毎日必死で働いて、私たちのために自分の人生を捧げてくれました。今度は私たちが夫の人生を支える番だと私は思います。先生!!　お金なら、お金ならなんとでもします。なんとしても夫を助けてあげてください!!　お願いします!!」

決断をした後の流れは、あっと言う間だった。生死の選択をしていたことが信じられないくらい、我孫子さんの容体は簡単に持ち直した。しかし、医師の発言の通り、我孫子さんの意識が戻ることはなく、生き続けることの代償としてか、意思表示をする術を失った。

我孫子さんはベッドの上で、天井の一点を見つめている。定時に職員が床ずれ防止のために体の位置を動かし、おむつの交換をする時と、週に数回入浴する時以外は、我孫子さんが動くことはない。

ご家族は頻繁に面会に訪れた。反応のない我孫子さんに語りかけ、本人が毎日読んでいた新聞を交替で読み聞かせていた。部屋が殺風景で寂しかろうと季節の花を生け、夏には暑いだろうと体の汗を拭き、冬には寒いだろうと暖房器具や羽織を持参した。ご家族は暇さえあれば足を運び、我孫子さんとともに時間を過ごし、寄り添っていた。

これは全て、初めの頃の話である。

時が経つにつれ、ほぼ毎日だった面会は週に3回、週に1回、2週間に1回、1か月に1回になった。季節の変化を感じさせる花が持ち込まれることはなくなり、気が付けば他の居室と変わらない殺風景な部屋へと戻っていった。

「結局は無駄だから」と新聞の定期購読は解約され、常にご家族の誰かがいたはずの部屋には、生命維持装置の無機質な電子音だけが不気味に響いていた。

この部屋の景色の全てが変わるまでに、数年の時間が流れた。私たちの数年と、我孫子さんの数年。同じ場所で同じだけの時間を生きているはずなのに、我孫子さんの部屋だけ何十年もの時が過ぎ去ったかのような印象さえも受けた。

我孫子さんは何を感じているのか。本人がその答えを教えてくれることは一度もなかった。数年間変わらず、今日もいつものように天井を凝視している。

介護医療の規則により、カンファレンスと呼ばれる話し合いが行われた。ここでは家族、施設職員、医療従事者、行政関係者などが集まり、現在の状況とそれに対する考察、今後のケアや治療についての方針を協議し、決定していく。我孫子さんのご家族にお会いしたのはだいぶ久しぶりに感じた。

我孫子さんの容体はというと、身体機能を示す検査結果の数値に異常は見られず、経過は良好。しかし、さまざまなリハビリや、意思を表出させるアプローチを検討してみたものの、本人の反応を引き出すまでには至らず、本人の意識が存在している証拠となる結果は発見できなかった。今後何らかの反応を見せる可能性は否定できないが、加齢によって心身機能が落ちていくことを考慮すると難しい、というのが会議で出た結論だった。

ご家族は会議をただ静かに聞いていた。あの日、我孫子さんの延命を求めて取り乱していたのが嘘のようだった。数年という時間はご家族にとってどんなものだったのだろうか、私にはわからない。

カンファレンスが終わり、一部の職員とご家族が我孫子さんの部屋に行った。

すると、奥さんは大きなため息をついたあと、唐突に、

「先生、この人、まだなんですか？」

と、はっきりと本人を目の前にして言った。そのたった一言の意味を、その場にいた全員が瞬時に理解した。それだけ、その一言には強い念が込められているのを確かに感じた。

長年家族のために働き続けて自分の全てを捧げてくれた夫。奥さんが最愛の夫のために取った選択と、その終着点。これが介護の現実だ。

そして、私たちは確かに見たのだ。天井を見つめることしかできない我孫子さんの目から、1滴の涙が流れていたのを。

医療技術の進歩はとどまることを知らず、命を救える確率は年を追うごとに格段に上がり続けている。人を生かすことに限って言えば、数十年前と比べると驚くほど長く生かし続けることが可能になった。しかし、その生かすという言葉に、「人としての尊厳を保ちながら」という条件は含まれていない気がする。

例えば食事を取れなくなった人は、経管栄養といって、鼻から管を入れられて胃にドロドロの栄養剤を流し込まれる。それでもダメな時は胃ろうが用いられる。胃ろうは、腹部から胃に直接繋がる穴を開け、そこに入れた管を通して栄養剤を流し込む方法だ。

また、自力で呼吸ができない人には人工呼吸器を装着するが、それも決して自然で楽な呼吸を与えてくれるわけではない。人の肺を圧力で無理矢理に動かす不自然な動作。胸は常に空気で満たされ、圧迫感がある状態だという。そして人工呼吸器を使い続けた結果、呼吸機能が低下し、ますます人工呼吸器なしでは生きることのできない体になっていく。

人間の体は楽なほうに適応するようにできている。機械の力を借りて生きるということは、自らの持つ身体機能を徐々に失い、機械なしでは生きられない体になるということなのだ。

そして何よりも問題なのが、一度延命を選択した後は、二度とやめることができないことだ。延命治療によって生き永らえてしまった人は、その命が尽きるまでずっと生かされ続ける。

全身の筋肉が衰えて骨と皮だけになり、弾力のない皮膚は骨の圧力によって床ずれを起こし、壊死していく。壊死した細胞が治ることはほぼなく、酷い場合は生きながらに体に穴が開き、骨にまで達する。その痛みは尋常ではない。

尿路感染症を起こしては高熱を出し、数日間苦しめられる。声も出せず、高齢の体はただひたすらに耐えるのみ。薬の効果が切れると、また薬で熱を下げられる。加齢によって衰えた体には、もはや回復力などほとんど残されていない。

このようにじわりじわりと命が削られ、それでもまた違う医療で生かされる。しかし、どうすることもできない。一旦生かされた以上、延命を止める方法は存在しないのだ。

延命治療を行った高齢者のご家族のほとんどが、我孫子さんのようにだんだんと面会に訪れなくなっていく。長く耐え続けてやつれた姿を直視できないのだろうか。それとも、自分の選択を直視できないのだろうか。

あなたは自分の大切な人に延命治療の選択が迫られた時、延命しますか？　しませんか？

延命をやめた人

「氷を、氷を食べさせてくれないか」

私が氷を口に入れると、伊藤さんはただの氷を味わうようにゆっくりと舐めていた。氷が歯に当たり、カコン、という音が静かな部屋に響いた。

伊藤さんが最後に食事を取ったのはいつのことだったか。伊藤さんは今、大病を患っており、ほぼ点滴だけで生きている。病気が治ることはない。

愛する家族の死の間際に、医師から突然告げられる言葉。

「生かしますか、このままにしますか」

誰かがどちらかを選択しなければいけない。残された道は2つに1つ。

1つは延命処置によって生かし続ける道。もう1つは、延命をせず、死を受け入れる道だ。

伊藤さん本人とご家族は、自分たちの運命を受け入れる選択をした。

伊藤さんの命は近いうちに必ず終わりを迎えるだろう。その現実に向き合い、自然に人生の終わりを迎える道を選んだ。死への抵抗をやめた人の時間は、私たちと同じ時間を生きているとは思えないほど急激に加速していく。死へと向かうスピードはどのようなものなのだろう。残された時間が過ぎていく速さを一番強く感じるのは、その人自身なのかもしれない。

終わりを感じさせる兆しは日に日にはっきりと表れ始めた。体はやつれ、頬はこけ、自分の意思とは関係なく行われる排泄にも痛みを伴っているようだった。延命処置をしない人はこのように衰弱していくのか。自然な死はこれほどまでに人の姿を変えるのか。表現できない感覚と現実が私を襲う。

ある日、その時は静かに訪れた。伊藤さんがこの世を去る瞬間だ。

ご家族に連絡が行ったのだろう。駆けつけた奥さんは、取り乱すことはなかった。しかし、伊藤さんの手を強く握って静かに唇を噛みしめ、最愛の人の最期に向き合う姿は、その時を1秒でも長く繋ぎ止めたいという思いで溢れていた。

一方、伊藤さんの息子さんは、この事態を何度も想定していたのだろう。

「うん。そう。そろそろ、かも」

落ち着き払って静かに、淡々と親族へ状況を連絡しているようだった。

伊藤さんのご家族がどんな話をしてきたのか、私たちは知らない。しかし、命のあり方や終わり方、こうした現実について、何度も話をしてきたのだろう。そのためか、１人の人間の命が尽きようとしている場とは思えないくらい、部屋の中は穏やかな空気に包まれていた。

そして、伊藤さんはご家族に見守られながら、静かに息を引き取った。

今まで私が目にしてきたさまざまな方の最期の中で、一番静かで淡々としていた。しかし同時に、さまざまな思いが感じられる瞬間だった。

こんな穏やかな死ばかりではない。望まれない形、予想外の形、一刻も早くその死を望まれた形、途中で想いが尽きてしまった形。人の終わりの形は本当に千差万別であり、１つとして同じ結末はない。

家族が人間らしく命を終えること。伊藤さんのご家族がたくさん話し合って、皆で決めた。それは間違いないのだろう。残されたご家族の顔には悲しさと同時に、この現実に対する覚悟と、人間として逝くことができた伊藤さんに対して何かをやり遂げた気持ちが感じられた気がしたのだ。

「延命が悪、延命しないことが正義」ではない。延命することがどういうことか。延命しないということはどういうことか。自分の家族の命について話し合う機会が、今の世の中には圧倒的に足りていないように思える。人は必ず死ぬし、自分も死ぬ。その事実がどこか非現実的なものとして軽んじられ、忘れられてしまっているのではないか、と介護の現場に立つ私は感じる。

生き永らえるための技術は果てしなく発展を遂げた。だからこそ、一度死について向き合ってみてはいかがだろうか。

デスカンファレンス

「カンファレンス」は医療やビジネスの分野でよく用いられる言葉で、何かしらの目的に沿った会議や協議を意味する。介護の現場では、利用者の情報共有の場を指す。

「〇月〇〇日に、先日お亡くなりになった斎藤様の『デスカンファレンス』を予定しています。カンファレンスで話し合いたいことを事前に確認したいため、アンケートにご協力ください。以下の項目の中で思うことがあれば記載してください。終わりましたら指定の回収所に提出をお願いいたします」

私が仲の良かった利用者、斎藤さんが亡くなった。その後、斎藤さんについて「デスカンファレンス」というものが行われた。デスカンファレンスは、亡くなった利用者のケアを振り返り、今後のケアへと活かすために話し合う場である。

私はそのデスカンファレンスで、静かに絶望した。

斎藤さんは面白い利用者だ。非常に重い障がいを持っていたが、職員たちからは愛されていた。年齢は中年だが、身長は小さな子どもくらいしかない。自分で移動することはできないため、特殊な車椅子に乗り、職員が押して移動するというのが日課だった。

斎藤さんは散歩が大好きだった。散歩の「さん」という言葉で「散歩、行く!!　行こう!!」と食い気味に返事をしてくれた。

また、散歩と同じくらい、自分の家族が大好きだった。斎藤さんは非常に耳が良く、20メートルくらい離れた位置から、面会に来た家族の足音を周りの雑音から聞き分け、いち早く家族の名前を呼んでいた。この特技には職員一同、本当に驚かされていた。

斎藤さんの一番の特徴というか、私が個人的に興味深く思っていたところ。それは、なぜか女性職員にとても厳しく当たるところだった。理由はわからないが、女性職員に対してだけ、

「この馬鹿野郎!!　なんだこの野郎!!　畜生!!」

と暴言の限りを尽くし、挙句の果てには唾を吐きかけるのだ。なんて不良で面白い利用者なんだろう。初めて斎藤さんに会った時にそう思ったのは、女性職員には内緒である。

しかし彼は悪意があるとか本当に嫌いだからとかいう理由でやっているのではなく、どうや

らそれが彼なりの女性とのコミュニケーション方法らしい。怒った女性職員が席を立つと、少し暴言を吐いた後「ごめんよー!!　ごめんなさい!!」と言って謝るのだ。そしてまた職員が戻るとそれを繰り返す。そんなやりとりを楽しんでいるような印象を受けた。

そんな斎藤さんもある時、やりすぎて女性職員に怒られ、車椅子からベッドに移されてしばらく放っておかれた。誰も相手にしてくれないことに腹を立て、ずっとベッド上で文句を言っていた斎藤さんは、最後の手段の「唾吐き」をした。しかし、斎藤さんは平らなベッドの上に仰向けの状態である。天に唾するとはこのことで、吐いた唾が自分にかかり、そのことにまた怒っていた。しばらくした後に様子を見に行くと、仏像のような無表情で大人しく横になっていた。

不謹慎ながらもとても面白く、斎藤さんのエピソードとして未だに忘れられない思い出の１つになっている。

なんだかんだ職員に愛されていた斎藤さんだが、体調不良を起こした時からご飯を食べられなくなってしまった。口からご飯を食べることができない場合は経管栄養を行い、鼻から胃まで細い管を通して栄養を体内に流し込む。鼻から管を入れるので斎藤さんはその都度むせ込み、毎日顔を真っ赤にしながら苦しみに耐えていた。

その後、見たことのない医療機器が日に日に増え、たくさんのチューブやセンサーに繋がれた姿は、まるで斎藤さんが機械に取り込まれたかのようだった。機器で複雑なデータを取り、分厚いマニュアルを片手に機械の調整を行うのは、介護士ではなく、看護師たちだった。

手を出すことのできない介護士が、せめて何かしてあげたいという思いから斎藤さんを散歩に連れ出したいと伝えても、「処置中だから今はダメ」「データ採取してるから動かせない」などと、にべもなく断られるばかりだった。

ある日、斎藤さんを取り囲む機器から異常な数値が検出されたらしく、大事を取って救急搬送することとなった。それは唐突だった。その後まもなく、斎藤さんは搬送先の病院で亡くなった。

しかし、介護士が斎藤さんの死を知ったのは亡くなった直後ではなく、数日以上経過した後だった。施設の看護師たちには、亡くなった数時間後にはすでに通達されていた。私たち介護士だけが知らなかった。いや、知らされなかったのだ。

なぜそんな大切なことを知らされないのか、と疑問に思われる方も多くいるだろう。私も伝えられなかった理由はよくわからない。しかし、介護施設では、看護師と介護士の間に立場の違いによる差別意識のようなものが存在していることがある。看護師側の言い分は「私たち看護師がわざわざ介護士に知らせる義務や決まりは特にないでしょう?」というものだった。

しかも、看護師たちは「施設での処置や対応が遅れすぎちゃったね。次は自分たちでやろうとしないで、もっと早く搬送しなきゃダメだね」といった反省会を、笑いながら行っていた。斎藤さんを囲んでいた医療機器は、今後施設がよりケアに力を入れていくために導入したものであり、斎藤さんは機器操作の練習を兼ねた実験台にされていたのだった。斎藤さんの死は、看護師の機器研修やその評論会、反省会の議題の1つにされただけだった。

斎藤さんの死を1人の人間の死として受け止めて悲しむ人は、医療チームには誰もいなかった。

「デスカンファレンスを予定しています。カンファレンスで話し合いたいことを事前に確認したいため、アンケートにご協力ください。　主催　医療部より」

こんな紙切れ1枚で、亡くなった人に向き合ったつもりになるための会を開いて何になる。どこまで故人の死を弄ぶつもりなのだろうか。強い怒りが込み上げた。

「利用者さんの死について向き合っていく上で、今後の参考にしたいから」とそれらしい理由をつけて、事前に会議の担当者から介護士側の匿名アンケートを見せてもらうと、こんなことが記述されていた。

「亡くなられた後日、思い出の品として施設での生活の様子を撮った写真をご家族に渡したが、ご家族には『写真は燃やす』と返答された。こちらは善意で行ったつもりだったのだが、もしかしたら迷惑だったのか。家族によって感じ方は違うということを痛感した」

その他、このような回答が多くを占めていた。

「看護師の方たちが日頃からケアに入っていて、我々介護士は斎藤さんに接してあげることができなかった。無力さを感じた」

確かに医療処置などで斎藤さんに長時間接していたのは看護師たちだった。しかし、彼らはあくまでも医療処置を施すだけで、話しかけたり、散歩に連れていったりする者は誰一人としていなかった。斎藤さんに話しかけてあげたい。楽しませてあげたい。そう願うのは介護士だけだった。

デスカンファレンス当日の話し合いは、事後によくある「あの時、もっとああしてあげていれば、もっとこうしてあげていれば」という当たり障りのないものだった。

利用者が明日また元気でいてくれる保証はない。私たち介護士も日々、その覚悟を持って接しているつもりだ。亡くなった後に「もっと何かしてあげていれば……」と言うのでは遅いし、今さら言っても意味がない。思いを行動にして示すことは生きているうちにしかできないのだ。

利用者との別れは何度も経験してきた。だからこそ、生きているうちにできる限り。最期に何も思い残すことがないよう、感謝とともに利用者を送り出してあげたい。私はそう思って介護の仕事を続けている。

個人的には、デスカンファレンスの場が反省会という名目の言い訳大会にしか思えなかった。斎藤さんの死という現実に、1人1人が過去を振り返り、今、真剣に向き合おうとしているように見える。しかし、デスカンファレンスという場で語られた個人の後悔や次への決意は、その場限りの感情として流されてしまう。


出席者がひとしきり「もっとやってあげればよかった」と定型文のような発言をした後、介護責任者が会の締めで、こう発言した。

「斎藤様が亡くなられた時、ご家族に、アルバムとして写真をお渡しすることができました。

そうして施設側から思い出を形にして届けることで、私は利用者だけではなくご家族の気持ちにも寄り添えたと思います」

先のアンケートに書かれていた、ご家族に「写真は燃やす」と返答された職員の疑問を思い出した。写真を送ることは迷惑ではなかったのか？　ご家族の気持ちに本当に寄り添うことができたのだろうか？　あの回答をしたのが誰かはわからないが、あれは匿名だったからこそ放たれた本心だったのかもしれない。

私にとってはデスカンファレンスが、「日々の不条理や無力感に耐えながらも、人の心を忘れない」という大事な精神を刈り取る会議にしか思えなかった。

あのアンケートを書いた職員は、ご家族に写真を渡した時に燃やすと言われた体験をカンファレンスという場に出すことで、いろいろな思いを共有したかったのだろうか。今までの対応で良かったのか、このままで良いのか、きちんと話し合いたかったのだろうか。誰が回答したのかも、どのような意図で回答したのかもわからない。しかし、人知れず誰かの心がぐしゃりと音を立てて潰れる音が、私には聞こえた気がした。

介護の行く末

今現在、介護の仕事に就いている私が日頃見ている異常な世界。世界は想像以上に残酷であり、信じ難いような出来事の1つ1つは全て誰かの人生に降り注いだ現実である。しかし、普段の生活で他人や自分自身の死について考えることはあまりないだろう。

介護を通して、人の最期を第三者として見ているからだろうか。当事者である人たちのほうが、傍観している私たち介護士よりも死というものに向き合えず、自分や愛する人が死ぬという当たり前の現実さえも実感できないでいるような印象を受けるのだ。

人間以外ではどうだろうか。先日、動画サイトでオオムカデの飼育動画を見た。産卵したオオムカデは自分の卵を飼育者に取られそうになった時、卵を取られまいと必死に守っていたが、自力では卵を守れないことを悟った次の瞬間、驚くべき行動に出た。自分が体を張って守っていた卵を食べ始めたのだ。外敵に取られるくらいなら自分で食べて生き延びるためのエネルギーにするということだろうか。さっきまで必死に守っていた卵をさも当たり前のように食べるオオムカデの姿を見て、私はとても驚いた。

しかし、本来、自然界で生き延びることは決して当たり前のことではない。逆に死こそが当たり前である。オオムカデは死を現実として受け入れて、死と向き合いながら生きているんだな。そう感じた。

強き者は生き残り、弱き者は淘汰される。だが強き者にも必ず終わりは来る。それが自然の流れであり、生命の定めだろう。生き物は自らが生き延びて命を繋ぐことを最大の目的として、さまざまな環境に合わせて進化し、逆に不必要な要素は退化していく。

人間は死を遠ざけることによって、他の生物とは別の方向に進化を遂げているのかもしれない。同時に、死という最大の脅威を遠ざけることにより、何か一番必要な要素が退化し始めているのではないか。私は個人的にそう感じている。

人類は恐怖との戦いによって進化した。闇を恐れ、火を使いこなす技を編み出した。飢えを恐れ、作物を育てるようになった。外敵を攻撃するために武器を作り、身を守るために衣類を作った。裏を返せば、恐怖が人類を進化させた。それはどの生物でも同じことである。

しかし、死の恐怖から逃れる術を得た人間は、いつしか死の恐怖を忘れてしまったのではないだろうか。恐怖を忘れた私たちはどこに向かうのだろう。進化の歴史とは、多様化の歴史でもある。生物は環境に合わせて多様な進化を遂げたが、全ての生命が現存しているわけではない。間違えた進化をしたもの、環境に適応できない進化を遂げたものは淘汰され、絶滅への道を辿った。

人間が永遠に繁栄し続けることが当たり前のように思われている現代において、私は疑問に思っている。私たちは間違えた方向に進化しているのではないだろうか。死ぬことを極限まで遠ざける延命治療やさまざまな医療技術の進歩はどこに向かっているのだろう。何に対しての適応であり進化なのだろうか。それに伴う退化はどこに現れているのだろうか。

豊かさや安心を手に入れた私たちは恐怖を忘れてしまい、おかしな方向へと進化し始めているのではないだろうか。

本書に記したエピソードの通り、人は必ずしも良い最期を迎えられるわけではない。それをわかっていてもなお人々は、自分だけは安らかに臨終の時を迎えられると思っていて、いつか自分が死ぬという現実さえも忘れ去ろうとしているのではないか。そもそも、自分が劣悪な環境で命を終えることを想像する人などいるのだろうか。

誰しもが死から逃れる術を、大金を払ってでも求める。その方法がたとえ苦難の道であろうとも、どんな結末を提示されようとも。死の現実を知らず、限界まで向き合うことを拒み続けた人は、死の恐怖を目前にした時、最期の選択の時さえも考えを放棄するのだろう。未知の技術への疑いは一切捨て、一縷の希望にすがりつくのだろう。

延命についての究極の選択をする時、その瞬間命を繋ぐことだけを考え、その後に果てしない地獄が続くことを知らない。そうして選んでしまった地獄の始まり。そこから先の案内人こそが、介護士なのだ。

介護の世界が今後どうなっていくべきか。それを考察出来るほど高尚な思想は持ち合わせていない。

私は介護士としての自分に疑問を感じてしまう。何度も言うように、私たちの仕事は人の苦痛、心理的負担、そして死といった誰かの不幸によって生み出されている。

皆、私たち介護士などの手を借りずとも、自らの人生の終わりを実感し、心の整理をつけ、自然なことと受け入れて、穏やかにその時を迎えてほしい。

チューブに繋がれ、腹に穴を開けられ、機械に繋がれて管理され、自分の力で呼吸を行うこともできない。それは人間本来の終わりの姿とはかけ離れたものである。そのような利用者の姿を間近で見てきた私には、そう思えて仕方がない。

死という恐怖を遠ざけ続けた結果として、さまざまな人が苦しみ、悩み、仲違いをし、思いに縛られている。しかし、それでも現実は続いていく。いつか来る死というどうしようもない運命を先延ばしにするよりも、死ぬまでに何ができて、何を残せるかを考えてほしい。そして、誰もが人として豊かな人生を送ってほしい。

誰もが介護の力に頼らず人生の終わりの瞬間を迎えられたらどんなにいいことか。私はそう思い続けている。

私が私なりに介護を語ろうと思ったわけ

介護の仕事を始めてから、もう10年以上が経った。私はきっと働けなくなる時が来るまでこの仕事を続けていくのだろう。生活の一部というよりも、もはや私の人生の一部だ。日々新しく気付かされることばかりで、とても勉強になる。

しかし、本書で語った介護の世界の日常は、多くの方にはきっと異様なものに見えるのだと思う。私も介護の仕事に就いていなかったとしたら、そんな印象を持っていたと思う。

プライベートで仕事の話になった時「介護の仕事をしています」と答えると、かなりの確率で、

「えらいですね」

「人の役に立つ素晴らしい仕事だ」

「誰にでもできる仕事ではない」

大体こんな感じのことを言われる。私以外でも、同じことを言われたという介護士の話をよ

く聞く。そんな褒め言葉に対して私は、悪意があるわけではないのだが、「そんなことないんだけどなぁ」と毎回心の中で思ってしまう。

世間の人々はきっと介護士に対して、大変な仕事というイメージは持っていても、実際に介護施設内でどんなことが行われているのかは想像がつかないのだろう。

介護とは戦いの連続だ。行政や政策、法律、公的機関の視察員などと戦う。利用者や家族の要求や要望などのすれ違いと戦う。職場内の同僚との間で、利用者に対する思いや意見、利用者の介助方法、人生観の解釈による支援方法の考え方の違いなどをめぐって戦う。部署間での力関係の差や、押しつけられる責任と戦う。そして、対象となる利用者からの暴力や危険行動、汚染物や排泄物の清掃活動、ひたすら繰り返され精神的苦痛を伴う問題行動と戦う。

介護士はそれらに対して怒りを感じても、必死に理性で押さえ込んで我慢する。そして怒りを通り越して限界を迎えると、自分の心を守るために無感情となり、いつしか利用者を人ではなくモノとして扱うようになってしまう。「汚れて綺麗にしてもどうせまたすぐ繰り返すから、放っておいて時間になったら片付ければいいよ」などと、人の尊厳よりも業務の効率を優先するようになってしまう者もいる。

その他、本来介護士にあるまじき行為の数々を、自分の身を守るため、介護を続けるためと言い訳を続けながらやってきた。「この人のようにはなりたくないな」と思っていたような存在に、自分自身がなってしまった。そう思ったことも数え切れないほどある。介護士の相手は人間だが、私たちもまた同じくらい弱いただの人間なのだ。

人と接する仕事がしたいと介護の世界に入ってきた職員は、厳しい現実に直面し、やがて介護とは一切の縁を切って去っていく。それに対して、人の心を持たない冷酷な職員ほど、異常な環境に適応して1つの職場に留まり、そこで一定の地位を築き、担当部署を支配することで生き延びていく。

まともな人ほど早く離れ、壊れてしまった人ほど長く介護の仕事を続けている。何年も介護の仕事を続けている私も、人として大切な感情が気付かないうちにすでに壊れてしまっているのだろうと感じる。自分でもおかしいのか、おかしくないのか。何が正常で、何が間違っているのか。もう自分でもわからない。

本書に綴った介護の現実に対して驚く方も当然いるだろう。しかし、私はもはや、自分の日常の延長としか感じなくなってしまっている。人間の感情や死にまつわる矛盾に多く触れすぎたからなのだろうか。やはり私もすでに壊れてしまった側の人間なのだろう。

遠方に住む私の祖父が介護施設に入所することとなり、一度会いに行ったことがある。職員側として毎日業務に当たっている私が、家族側として介護施設を訪問するというのは、とても不思議な感覚だった。それと同時に、表面上は見えないだけで、私が普段目にしている理不尽、暴力、虐待、矛盾。それはきっとこの場所でも行われていて、私の祖父も身をもって体験しているのだろうなと思った。

私はとても辛く、複雑な心境だった。面会した時、祖父は足を怪我していた。施設内で足を滑らせて転倒し、骨折をしたとのことだった。介護施設ではよくあることだが、家族側に立つと身内が人質にでも取られているような感じがする。家族と施設職員では立場が違うだけでここまで感じ方が違うのか。それを痛感するような経験だった。

本当は利用者さんたちにこうしてあげたい、こうできたらいいのに。逆に、こんなことをしてはいけない、こんなことは間違っている。そんな思いがある一方で、表面化しないだけで確実に日常的にさまざまな虐待行為が行われており、危険だと認識されながらも日々の業務は改善されず続けられる。こうした理想と現実の矛盾に向き合わなければならない。

外部の人から「素晴らしい仕事だ」「必要とされる仕事だ」「誰にでもできる仕事ではない」といった褒め言葉を言われるたびに、改善することのできない現状に対して、介護士は自分たちの無力さを呪うのだ。

「本当は、そんな素晴らしいことは何もしていない。私たちは人を虐げている。助けを求める利用者の手を払い、望まない食事を与え、大して必要のない訓練を受けさせる。私たちの存在とは何なのだろう。なぜ、世間は本当の私たち、本当の介護士の姿を見た上で称賛してくれないのだろうか」

これが介護士としての私の本音である。

そんな私たち介護士の姿は、世間から見えないように蓋をされたままではいけない。施設の高齢者や障がい者も同じだ。介護を必要とする日がいつやって来るかはわからない。私たち介護士の見ている世界は、誰にとっても決して無関係の世界ではない。

ある日私は、施設見学に来たご家族に、施設の制度や料金などについて説明していた。そのご家族にとっては見るもの聞くもの全てが初めての世界。料金の相場はもちろん、施設の違いもわからない。それを知った上で何を重視すればいいのか。何を基準にして、何を目指せばいいいのかがわからない。定年近くまで必死に働いて、子どもたちから手が離れ、自分たちの人生について考え始めたタイミングで、親の介護という問題に直面したという。ご家族は皆、困惑していた。これまでに他の施設をいくつも回ってきたらしい。そのご家族が、

「自分のことさえどうなるかわからないのに、親の介護なんて現実味のなかった問題が急にのしかかってきて、この先どうしたらいいかわからない」

と漏らしていたのがとても印象的だった。この方は、自分の親や自分自身が年老いていく現実に向き合えず、何の準備もしていなかったため、いざその時を迎えてからどう対処していけばいいのか分からず右往左往していたのだろう。


歳を重ねた先に突然現れる落とし穴のような介護問題。現代の介護制度は大変異常であり、危険な状態だと私は感じている。

自分の人生の終わり方など想像しないまま過ごし、ある日、急に何かしらの選択を迫られる時が来る。もしくはその選択を自分以外の誰かに委ねることになり、見えない大きな渦に知らず知らずのうちに巻き込まれていくのだ。

施設に入居した利用者の中には「何の説明もなく、気が付いたらここに連れて来られていた」

「この先どうなるのか、何もわからない」などと発言する方も多い。自分たちの平穏な生活が突然終わりを告げ、選択する余地もなく知らない場所に閉じ込められる。この現状は多くの人々が知るべきことだと、私は介護士として強く思っている。そしてこの現状を皆で変えていかなければならない。

私がこれまでに語った話の数々は、フィクションではない。それぞれどこかの誰かが直面してきた問題であり、今も続いている現実だ。

あなたの大切な人は、そしてあなた自身は、どんな最期を迎えるのだろうか。私たちの老後に待ち受けるのは、ここに綴った数々のエピソードのような未来、いや、私でさえまだ見たことがないほどひどく残酷な未来かもしれない。そんな未来が訪れないよう、介護という視点を通して、人生の終わりという現実に対して、まずはきちんと向き合って認識する勇気を持ってほしい。あなたの大切な人や、あなた自身のために。

人は等しくいつか死ぬ。介護士はその事実と日々向き合い続けている。機会があれば是非、どうか恐れずに、死という現実に向き合ってほしい。

そして、介護の世界の表層だけを見て、「素晴らしい仕事だ」などと褒めないでほしい。介護士は決して褒められるような仕事などしていない。介護士たちは自らそれを自覚し、日々葛藤しながら、私たちを求めてくれる利用者のために、ともに人生の終わりと向き合い続けている。

だからどうか、私たちと同じように、あなたも自分自身の人生の終わりと真剣に向き合ってほしい。死ぬことが怖いのは私たちも同じ。だから、先人たちのいろいろな最期から学び、私たちとともに考え、ともに人生の終わりと向き合ってほしい。

この思いを伝えることこそが、私がこの本を書いた理由です。

あとがき

執筆にあたって、過去のさまざまな出来事を思い出しながら、ここまで筆を走らせてきました。日常的に人の死に直面し、介護現場に蔓延するさまざまな矛盾に疑問を感じながらも、仲間とともにたくさんの人を支え、また自分も支えられてここまでの毎日を必死で戦い抜いてきました。

本書に記した介護現場のエピソードに対して、私だけは例外だと思ったことは一度もありません。

介護の現場に立ち、職員の心ない言動や過酷な環境を否定しながらも、気付けば自分自身も嫌いだった職員と同じような人間になっていました。だからこそ、私は言い訳などせずに、介護士の仲間と一緒に非難を浴びようと思っています。私が現場で働く中で幾度となく見た、利用者の思いが蹂躙《じゅうりん》される瞬間や、平穏とはいえない最期。その1つ1つに対して断言しようと思います。「それは私たちがやったことです」と。

本書を読んだ後、あなたが介護に対して何を思うのか。この本が読まれている頃に介護の世界がどうなっているのか。私にはわかりません。私から離れた言葉は、私の想像もつかないところにまで届いてくれるのでしょうか。

どうかあなたは最期まで、その命をあなた自身のものとして全うしてください。あなたの大切な人が、最期まで大切な存在でいられますように。いつか必ず来る最期を、誰もが人間らしく迎えることができますように。

2021年4月　宇多川ちひろ

【著者紹介】
宇多川ちひろ（うたがわ・ちひろ）
1986年生まれ。川崎育ち。現役の介護士として10年以上勤務。介護サービスや福祉施設に従事してきた経験から、虐待・貧困・延命・介護士の不足といったさまざまな問題について考えるようになる。答えの出ない問題に葛藤しつつ、今日もまた介護現場に立ち続けている。

カバーイラスト：たもさん

※本書に登場する施設利用者および職員の個人名はすべて仮名であり、実在の人物とは関係ありません。

誰も書かなかった介護現場の実態
現役介護士が直面する現代社会の闇

2021年5月19日第一刷

著　者　　宇多川ちひろ

発行人　　山田有司

発行所　　株式会社　彩図社
東京都豊島区南大塚 3-24-4
MTビル　〒170-0005
TEL：03-5985-8213　FAX：03-5985-8224

印刷所　　シナノ印刷株式会社

URL　　https://www.saiz.co.jp
https://twitter.com/saiz_sha

ISBN978-4-8013-0502-1 C0095
落丁・乱丁本は小社宛にお送りください。送料小社負担にて、お取り替えいたします。
定価はカバーに表示してあります。